日本監獄官現身說法 死刑紀實

一之瀬はち
HACHI ICHINOSE

CONTENTS

追加內容

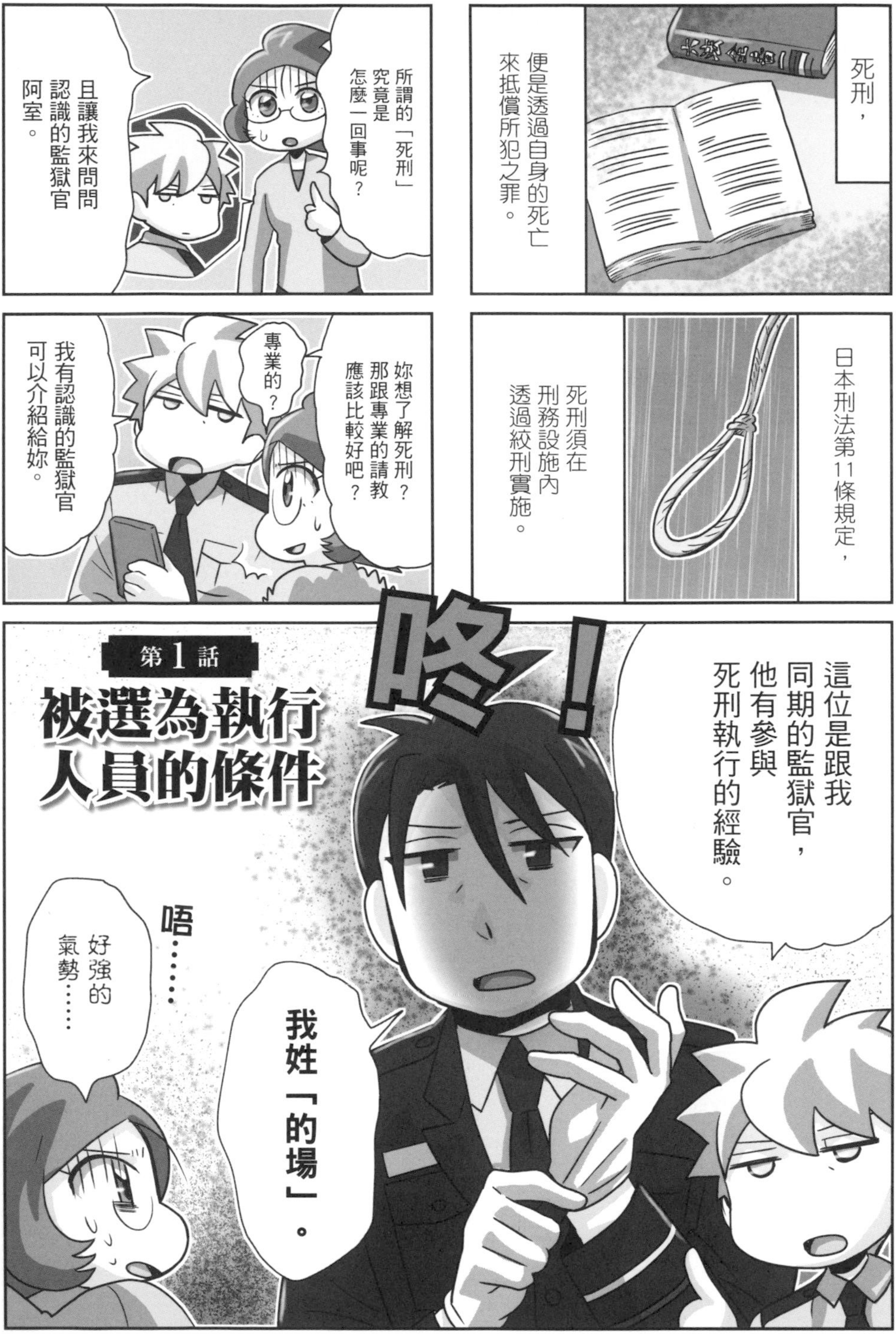

死刑，
便是透過自身的死亡來抵償所犯之罪。
所謂的「死刑」究竟是怎麼一回事呢？
且讓我來問問認識的監獄官阿室。
日本刑法第11條規定，
死刑須在刑務設施內透過絞刑實施。
妳想了解死刑？那跟專業的請教應該比較好吧？
專業的？
我有認識的監獄官可以介紹給妳。
第1話
被選為執行人員的條件
咚！
這位是跟我同期的監獄官，他有參與死刑執行的經驗。
我姓「的場」。
唔……
好強的氣勢……

監獄官的場

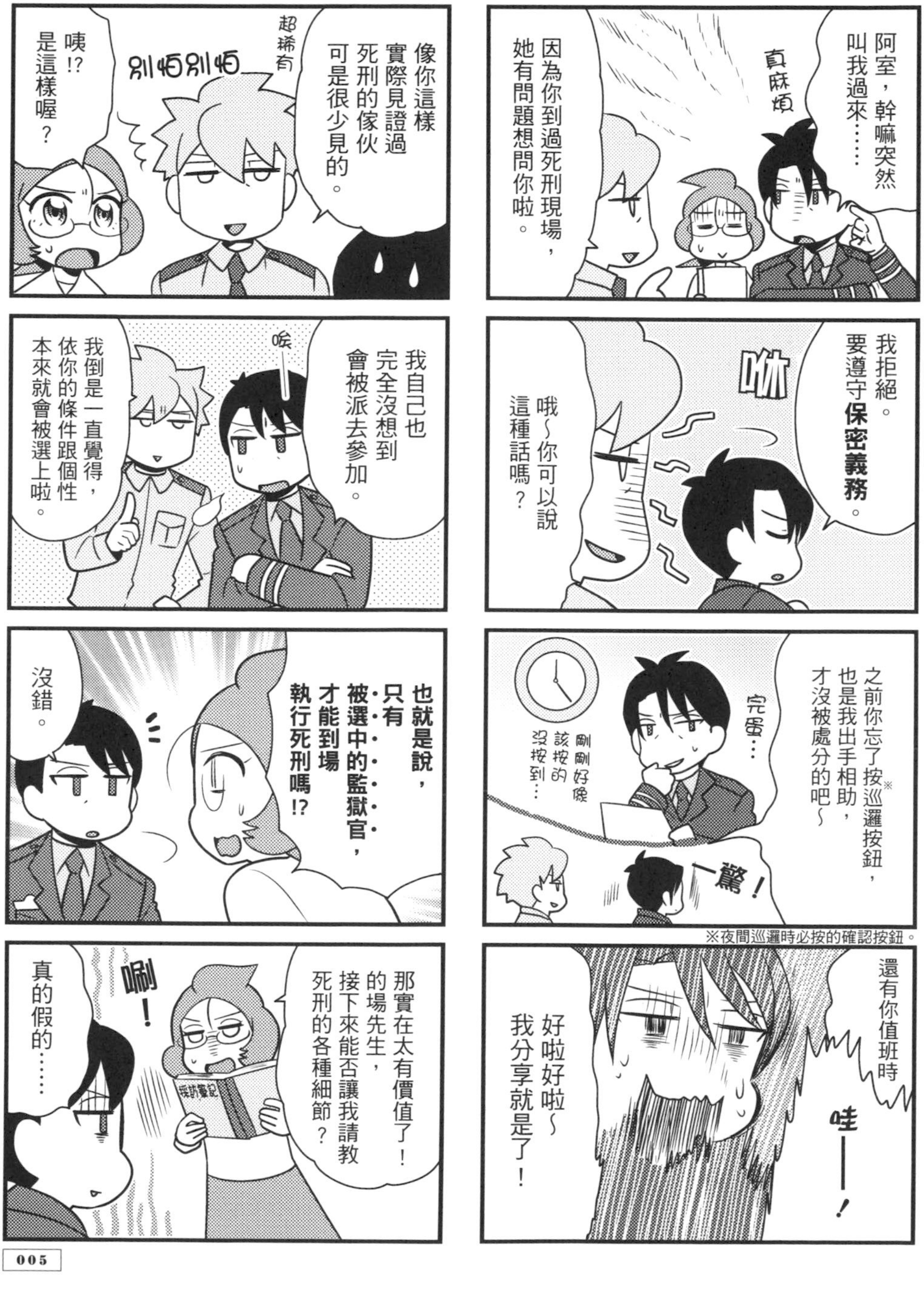

阿室，幹嘛突然叫我過來……
真麻煩
因為你到過死刑現場，她有問題想問你啦。
我拒絕。要遵守保密義務。
咻
哦~你可以說這種話嗎？
之前你忘了按※巡邏按鈕，也是我出手相助，才沒被處分的吧~
完蛋…
剛剛好像該按的沒按到…
一驚！
※夜間巡邏時必按的確認按鈕。
還有你值班時
哇——！
好啦好啦~我分享就是了！
像你這樣實際見證過死刑的傢伙可是很少見的。
超稀有
別怕別怕
咦!?是這樣喔？
我自己也完全沒想到會被派去參加。
唉—
我倒是一直覺得，依你的條件跟個性本來就會被選上啦。
也就是說，只有・・・・・・被選中的監獄官，才能到場執行死刑嗎!?
沒錯。
那實在太有價值了！的場先生，接下來能否讓我請教死刑的各種細節？
唰！
採訪筆記
真的假的……

被選中的機率

話說回來，負責執行死刑的監獄官大約有多少人呢？
日本全國大約有一萬八千位監獄官。
於此之中，每次死刑都會安排三到五位監獄官，
負責按壓絞刑按鈕。
最近幾年，每年平均執行了六至八件死刑。
這樣的話……
按
按
負責按絞刑按紐
每年平均執行件數
3～5人
6～8件
18,000人
全國的監獄官
0.1%
也就是說，負責執行死刑的監獄官，其實只占全體的0.1%。
0.1%!? 好低的比例!!
唔啊！
所以絕大部分的監獄官，一路到退休，都不會接觸死刑。
能在這種情況下被選中，的場先生真厲害。
哇啊
就說吧～
你是什麼意思！

必要條件

剛剛阿室你說，本來就覺得的場先生會被選為死刑執行人員，
你有什麼依據嗎？
那是因為的場符合執行死刑的監獄官必須滿足的所有條件。
條件？
首先第一點是這個。
①在具有死刑設備的看守所內執勤。
第二點則是這個。
②位階在看守部長以上。（職涯中必須有10年以上經驗）。
另外，雖然稱為「看守部長」，其實跟普通企業不太一樣，底下沒有下屬，只是一個榮譽位階。
重點就是，一般不會突然選新進人員來做這件事。
老手才能擔任
③精神狀況穩定。
④當事人並非孕婦，或配偶並非孕婦。
這是為了避免精神上的負擔，引發意想不到的事態。
哇——條件真多…！
⑤沒有特定思想或宗教。
⑥值勤態度良好。
其他還有各式各樣的條件。
etc…
用這些條件篩選出來的監獄官，才能負責執行死刑。
像這樣依條件逐步縮小範圍，就能大致找出有資格參加的監獄官。
說得也是。可以理解這種事需要嚴格地謹慎挑選。
要這樣挑人，也不是一件簡單的事啦。

值勤態度？

那……的場先生，在從監獄官裡挑選死刑執行人的條件裡，
有一項是「值勤態度良好」，它的判斷標準是什麼呢？
不覺得有點抽象嗎？
也對。首先最大的前提，應該是沒有接受過「處分」。
「處分」是指？
如果曾因值勤時的失誤或失態，受到嚴重警告或被降職之類，
懲戒免職
停職
減薪
記警告
就一定不會被選為執行人員。
另外也要看這個人的人品是否優異。
我們每年都會舉辦幾次類似寫小論文的考試，
論當今之矯正現況
這些成績也會一併當成判斷依據。
在挑選監獄官時，
這些因素都會考量進去。
畢竟死刑是絕對不允許失敗的。
人選很重要呢。
綜合上述種種，才能選出像我這樣「優秀的監獄官」。
……
盯—
是怎樣？妳一臉懷疑的樣子！
呃～～
咳咳

死刑的定義

回到最根本的問題，
死刑究竟是怎麼決定的呢？
要判死刑，首先有幾條準則。
其中一個就是必須判斷「有無教化可能」。
「教化」說得簡單點，就是改善一個人的犯罪傾向對吧？
沒錯！
妳很懂嘛
假如判斷一名罪犯「已無教化可能」，
所能判下的最大極刑，就是「死刑」。
雖說如此，卻也不會因偷竊癖治不好就判死刑，
或者明明大量殺人，卻沒被判處死刑等等。
一般而言在日本會說「殺害兩人以上即是死刑」。
為什麼是兩人以上？
因為那代表通常不是過失所致
只要殺了超過兩人，就會被判斷為故意的行為。
不過卻也因此出現過想被判死刑的人反其道而行，刻意大量殺人的案例……
抖…
真、真不敢相信……

無法判處死刑!?

剛剛談到了會判死刑跟不會判死刑的標準。
但其實也發生過殺害超過兩人，卻沒被判死的情況。
在那起事件中，某位山口組的老大殺害了三個人——
咦，為什麼!?
他身心健康，沒有精神疾患。
之所以能躲過死刑，是因為殺人的時間點。
第一位是他老婆。
他因誤會對方外遇，而將對方勒死。
其後遭到逮捕，入監服刑。
接著過了十年後，他刺死了造反的手下。
然後是第二次服刑。
在出獄之後，又以「管教」的名義殺害了自己的兒子。
重點在於，每次殺人的間隔時間與刑期的關聯。
第一次殺人
十年
服刑
第二次殺人
八年
服刑
第三次殺人
每次相隔的時間都拉很長!?
由於相隔一定的年數，而且之前的案件也已服刑完畢，
雖然總共殺害了三人，還是沒辦法判處死刑。這就是他殺了超過兩人，卻沒被判死的原因。
算是法律的漏洞
明明一樣殺了人……

有死刑設備的地方

一之瀨，妳覺得死刑是在哪裡執行的？
呃，不是在日本全國的監獄裡嗎？
答錯，其實是在看守所執行的。
咚
！
不過呢，在日本全國共一一九處看守所之中※，只有七間能夠執行死刑！
札幌
宮城
大阪
廣島
東京
名古屋
福岡
而且一間看守所裡只會有一座死刑設備。
咦～竟然是這樣。
妳知道目前日本有多少名死刑犯嗎？
呃…嗯…
截至二〇二〇年十二月，總共有一〇九名。
此外由於每年只會執行幾次死刑，說不定死刑犯自己的大限還更早到來呢。
比如自然病死之類
呃
到底要花多少年才能全部處刑完畢啊!?
啊，不過網路上有寫，東京看守所在改建之後，刑場已經增加為兩座囉。
是為了同時處刑才這樣做的對不對？
東京看守所確實已經在二〇一三年改建完畢了。
所以果然是我想的那樣!?
設施內的刑場位置和數量，其實都屬於機密資訊。
呵呵呵
不過，就算是為了能順利處刑而增建刑場，也沒什麼好驚訝的。

※包含看守所分所。

死刑設備

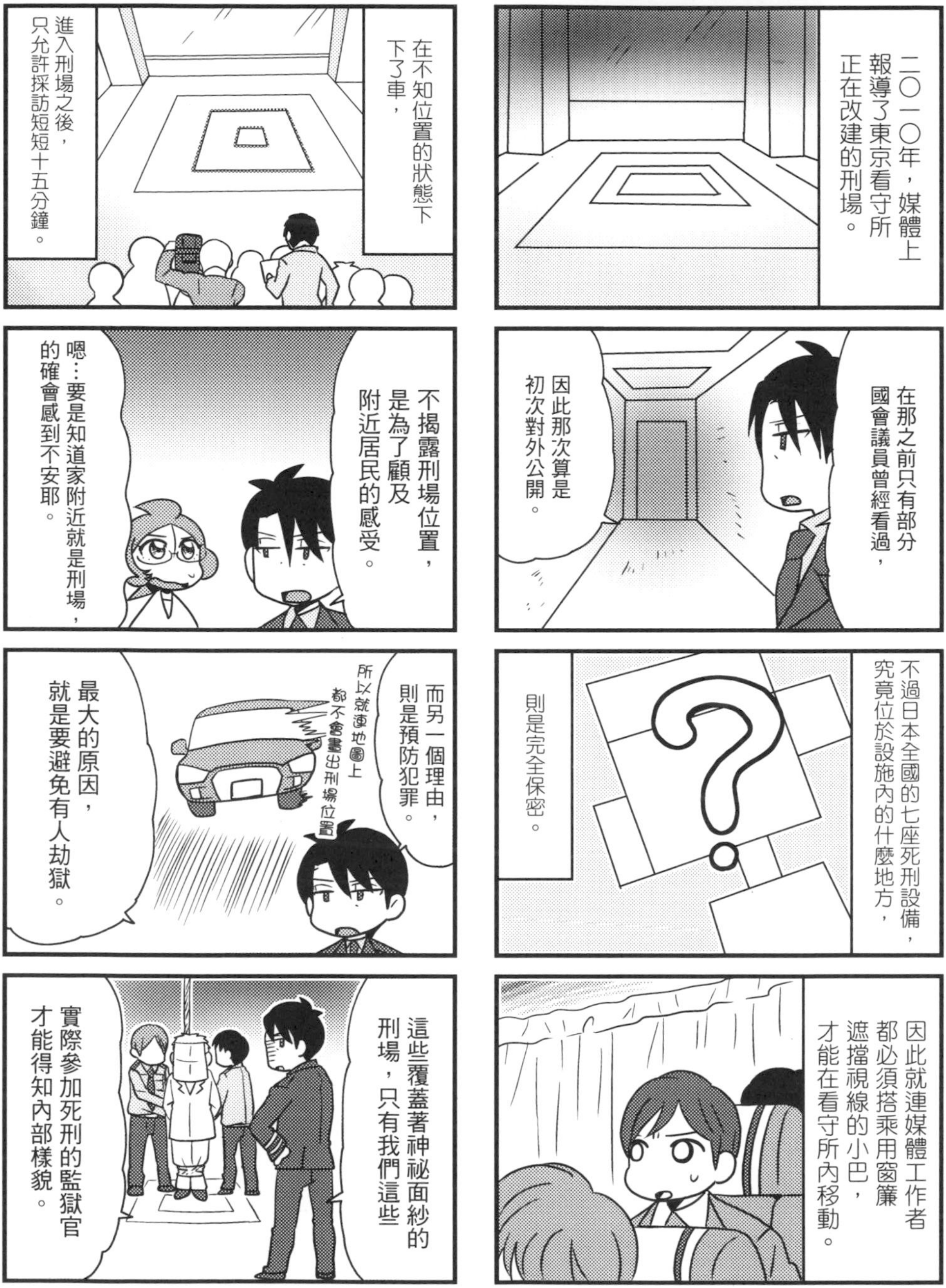
二〇一〇年，媒體上報導了東京看守所正在改建的刑場。
在那之前只有部分國會議員曾經看過，
因此那次算是初次對外公開。
不過日本全國的七座死刑設備，究竟位於設施內的什麼地方，
則是完全保密。
因此就連媒體工作者都必須搭乘用窗簾遮擋視線的小巴，才能在看守所內移動。
在不知位置的狀態下下了車，
進入刑場之後，只允許採訪短短十五分鐘。
不揭露刑場位置，是為了顧及附近居民的感受。
嗯…要是知道家附近就是刑場，的確會感到不安耶。
而另一個理由，則是預防犯罪。
所以就連地圖上都不會畫出刑場位置
最大的原因，就是要避免有人劫獄。
這些覆蓋著神祕面紗的刑場，只有我們這些
實際參加死刑的監獄官才能得知內部樣貌。

《想知道監獄官的職務階級!!》

你說出席死刑的監獄官，位階必須在看守部長以上，看守部長的層級大概有多高呢？
嗯……真的要說就是老手啦。換成位階來看，大概就像這樣。

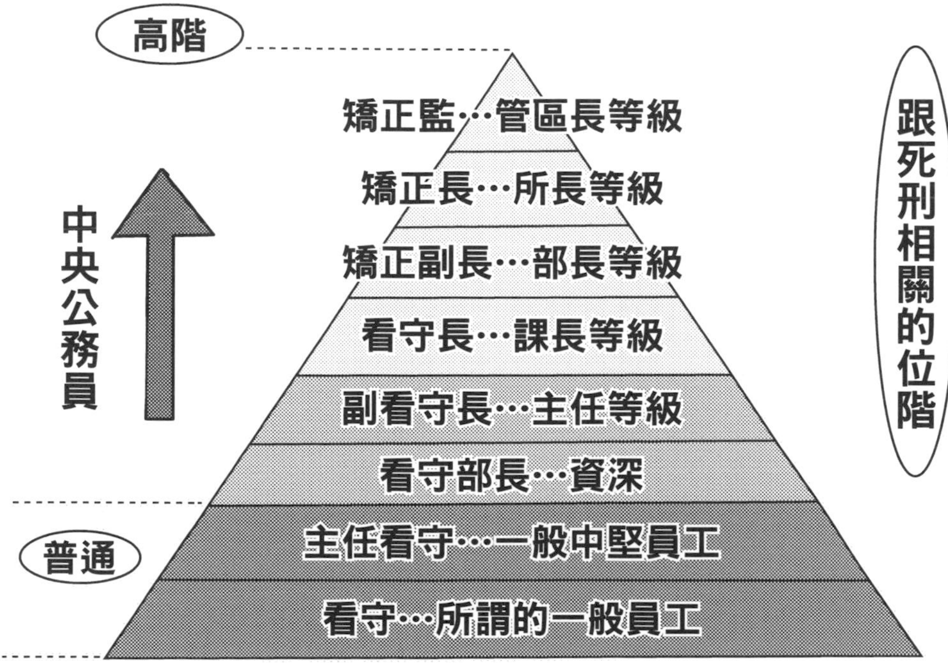
高階
矯正監…管區長等級
矯正長…所長等級
矯正副長…部長等級
看守長…課長等級
副看守長…主任等級
看守部長…資深
主任看守…一般中堅員工
看守…所謂的一般員工
普通
中央公務員
跟死刑相關的位階

《想知道執行死刑時使用的裝備和用具!!》

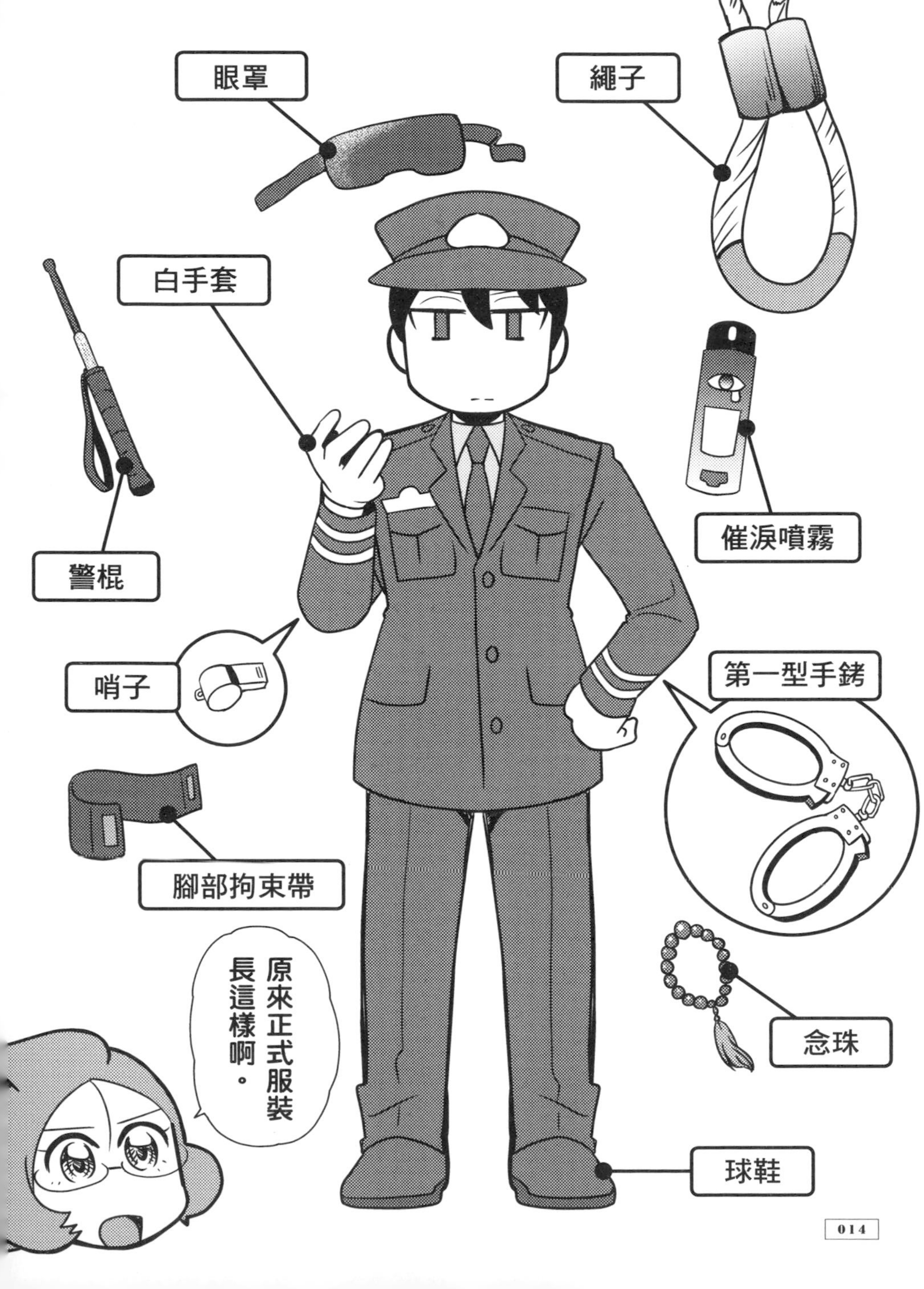

日本最重的刑罰，
就是死刑。
執行方式是三到五人同時按下
開啟地板活門的按鈕。
死刑會由監獄官
在看守所內執行。
參與死刑時，究竟會以怎樣的流程來進行呢？
第2話
死刑現場的監獄官
麻煩你分享這方面的細節。
好，那這次就來聊聊跟參與死刑的監獄官有關的事吧。
筆記

按下地板活門按鈕

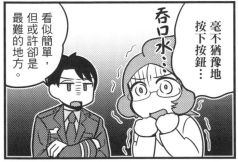

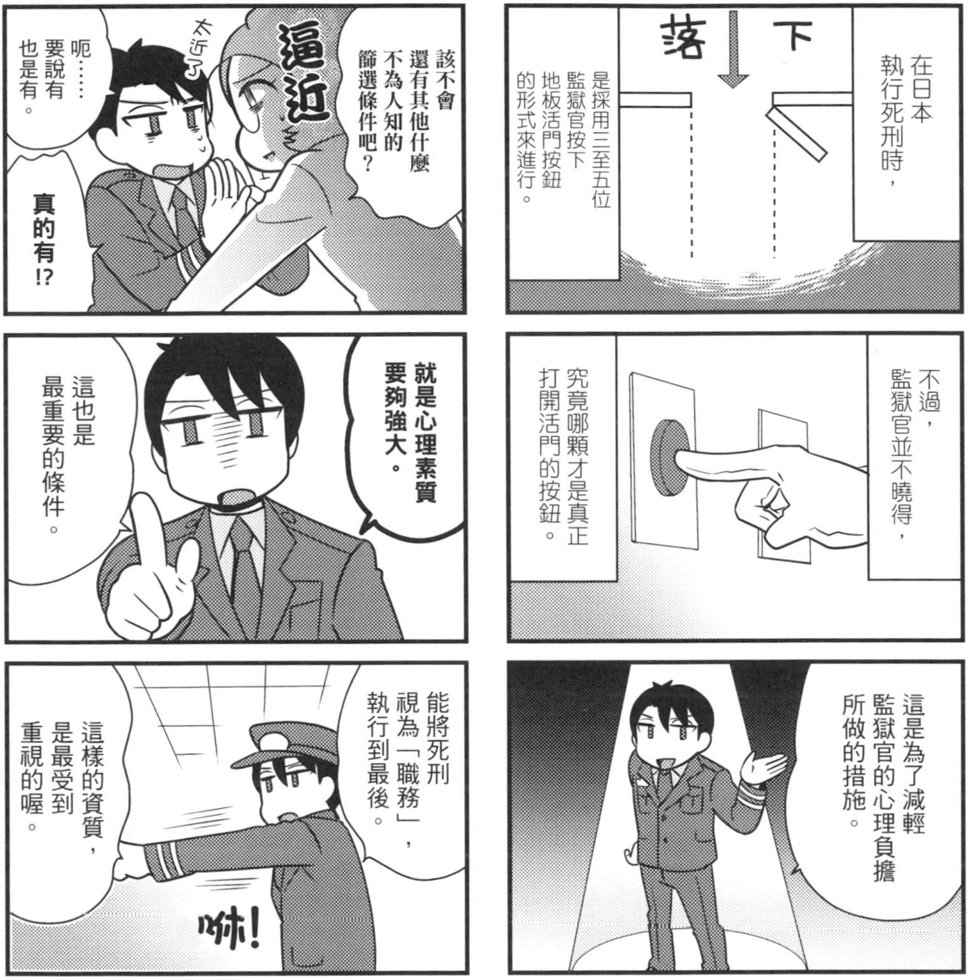
在日本執行死刑時，
落
下
是採用三至五位監獄官按下地板活門按鈕的形式來進行。
不過，監獄官並不曉得，
究竟哪顆才是真正打開活門的按鈕。
這是為了減輕監獄官的心理負擔所做的措施。
剛剛你也有說，能夠參與死刑的，只有經過挑選的監獄官對不對？
沒錯。
該不會還有其他什麼不為人知的篩選條件吧？
逼近
太近了
呃……要說有也是有。
真的有!?
就是心理素質要夠強大。
這也是最重要的條件。
能將死刑視為「職務」，執行到最後。
這樣的資質，是最受到重視的喔。
咻!
毫不猶豫地按下按鈕…
吞口水…
看似簡單，但或許卻是最難的地方。

被選中的那一天

你是何時知道自己
被選為執行人員的呢？
會事先得知嗎？
是在執行死刑的當天早上知道的。
早晨
當天!?
畢竟要是事先通知，可能會有人裝病請假，
咳咳
咳咳
我好像有點感冒
或者產生死刑情報外洩的風險。
其實最近要執行死刑了
死刑執行當天早上，
到班之後，會看到直屬主任在門口等你。
今天麻煩你執行了。
拍
我嗎~
那就代表你得參與執行。
這是絕對不能違抗的命令。
想逃也逃不掉…
因為執行死刑也是工作的一部分。
死刑會在早上十點左右執行，
因此那天無法辦理日常的業務。
一早就要進入刑場，
等待按下執行按鈕的時刻。

執行過後

死刑執行後，
津貼
會發特別津貼給有參加的監獄官。
大概會收到多少呢？既然是艱辛的任務，應該金額也會相應地…？
唰
並沒有！
我那時大概拿到兩萬日圓左右而已。
只…只有這樣？
真的假的!?
後面少了一個零吧!?
會以「特殊勤務津貼」的名義發現金給你。
奇怪？薪水一般都是用匯的吧？
ATM
為何只有津貼要發現金？
假如在匯款明細上註明「特殊勤務津貼」，
咦，這是…
薪資明細
特殊勤務津貼
¥20,000
就會被家人發現參與死刑了吧？
發現金是為了避免讓人受到打擊，或者被罪惡感譴責。
確實會嚇一跳～
在細節上也試圖減輕心理負擔！
而且還能防止資訊外洩。
誰在何時執行了死刑屬於機密項目
做得非常徹底耶。

使用津貼的方式

參加過死刑的監獄官，
拿到津貼該怎麼花，也有特定的規矩。
津貼
潛規則是必須全部花完。
拿去吃飯喝酒之類，端看個人。
怎麼感覺有點隨便？
欸～～
如果不這麼做，就會擺脫不了龐大的壓力喔。
所以才會說一定要花到連半毛錢都不剩。
不想以任何有形的型態，留下死刑帶來的壓力。
敬酒
也有些人認為吃飯喝酒，是在弔唁受刑的死刑犯。
另外要是留著津貼，也可能會被家人或親屬發現曾經參與過死刑，
我先生執行了死刑？
這同樣會對家人造成精神上的負擔。
原來如此。
也是基於這層考量，才會馬上把津貼全部花光。
看來這份津貼，也支撐著監獄官的精神呢。
要這麼說也行。
津貼

按下按鈕以外的職責

除了按按鈕之外，
監獄官在死刑過程中還有別的任務。
那就是，
「負責穩定死刑犯」。
是為了避免死刑犯在行刑前失去控制嗎？
掙扎——
腳踢
拳打
不是的喔。
那其實是在行刑後，穩住死刑犯的工作。
在刑場下方待命，等待死刑犯從上方落下。
接住並穩定好受刑者的身體。
為了避免落下的衝擊對死刑犯的身體造成額外傷害，
噗滋
噗滋
或是體液飛濺、弄髒刑場，所以必須這樣做。
由於這對精神跟體力都是考驗，
想像的出來……
因此比起按按鈕，排斥這項任務的人更多。
也曾有被點名的行刑官心中不願意，
畢竟是命令
非做不可
卻仍一邊哭著，一邊被迫做完的案例。

按下執行按鈕

監獄官呢，
只要被指定參加死刑，就絕對不能拒絕。
我剛剛也有提過
不過即便如此，有些人在死刑現場也會出狀況。
咦！
是怎樣的情況？
那是幾十年前發生在某看守所的事件。
當天預定由五位監獄官一同按下按鈕。
預備，執行！
嗶！
當執行的鳴聲響起，大家原本應該要同時按下按鈕……
之中卻有一個人，因為太過害怕，導致無法按下去。
凍～結
渾身
發抖
嗚嗚嗚…
而且他那顆還剛好就是「中獎」的按鈕……
所以死刑就執行失敗了。
啥！
奇怪了，我怎麼沒掉下去……!?
接著就再度執行。
打──擊
你在幹什麼！大家再來一次！
據說那五人後來又按了一次按鈕，執行了死刑。
驚～悚～
意思是死刑犯經歷了兩次臨死的恐懼!?

《想知道看守所跟監獄的差別!!》

看守所

等候判刑的地方。

尚未被判刑的犯罪嫌疑人（接受審判中的被告）以及罪刑確定的死刑犯所去之處。

監獄

服刑的地方。

有刑場的也不是監獄，而是看守所。

有期徒刑和無期徒刑受刑人所去之處。

死刑犯會透過「執行死刑」來服刑，因此跟未判決者受到同等的待遇。

另一方面，在監獄裡則有工廠。受刑人會在該處執行刑務工作，藉以服刑。

所謂的死刑，在死刑判決成立後，
並不會即刻執行。
妳說得沒錯。不過據說現在從判決出爐到執行，
平均要等七到十年。
日本刑法有寫耶。
實際上必須在半年內執行完畢不是嗎？
嗚嗚
刑法
刑法
在較難推動死刑的現在，
冤案
反對死刑
等趨勢
有九位死刑犯從判刑至今已經過了二十多年，最長的還超過四十年。
第3話
死刑犯的生活
四十年!?
好久!!
這麼漫長的時間，
死刑犯要怎麼過啊？
真是的……那這次就告訴妳，死刑犯的生活情況吧。
刑法
刑法

從判決到移監

倘若經過數次審判後死刑定讞，
被告
死刑犯A
新聞上的稱呼也會從被告A→死刑犯A
稱謂就會從「被告」變成→「死刑犯」。
而在判決確定之後，當事人就會被移監，
坐巴士
或飛機
轉到有死刑設施的看守所去。
在那會跟其他受刑人一起生活嗎？
大家好～
死
當然不會！死刑犯會在隔離區塊裡過日子。
咦！為何？
因為他們直到死去才算「受了刑」
這是為了減輕死刑犯身為「待執行死囚」，以及面對死刑時的壓力。
被隔離開來，對死刑的恐懼才更強烈吧！
感覺會很憂鬱
不，隔離是很重要的。
基本上死刑犯所在區域的地點，全都不會對外公布。
如果是大型設施有時就連監獄官都不知道確切位置……
這跟刑場保密是相同的道理。由於發生過死刑犯劫獄未遂的事件，
因此為了防範未然，才會採取這樣的措施。
在那個「只有死刑犯的區塊」裡頭，
死刑犯將一邊等待不知何時到來的執行時刻，一邊過活。

死刑犯的房間

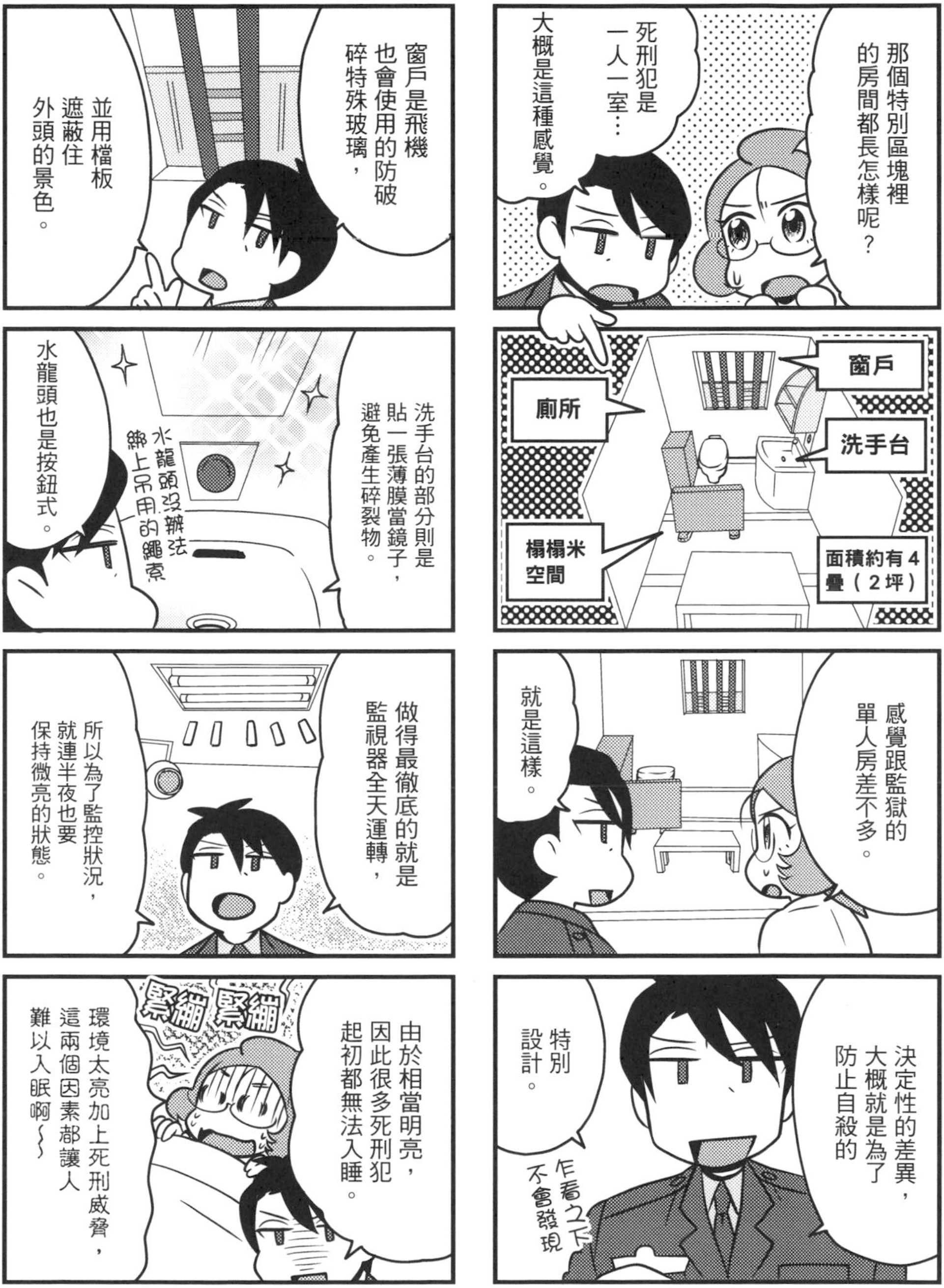

那個特別區塊裡的房間都長怎樣呢？
死刑犯是一人一室⋯⋯
大概是這種感覺。
窗戶
廁所
洗手台
榻榻米空間
面積約有4疊（2坪）
感覺跟監獄的單人房差不多。
就是這樣。
決定性的差異，大概就是為了防止自殺的
特別設計。
乍看之下不會發現
窗戶是飛機也會使用的防破碎特殊玻璃，
並用檔板遮蔽住外頭的景色。
洗手台的部分則是貼一張薄膜當鏡子，避免產生碎裂物。
水龍頭沒辦法綁上吊用的繩索
水龍頭也是按鈕式。
做得最徹底的就是監視器全天運轉，
所以為了監控狀況，就連半夜也要保持微亮的狀態。
由於相當明亮，因此很多死刑犯起初都無法入睡。
緊繃緊繃
環境太亮加上死刑威脅，這兩個因素都讓人難以入眠啊～～

食物的容許範圍

變成死刑犯後，跟受刑人的另一個差異，
啊嗯
啊嗯
就是吃食的自由程度。
供餐應該是一天三次對吧？
這部分應該跟其他受刑人一樣
是沒錯。但目的上則跟其他受刑人不同。
目的？
目的就是「在執行死刑之前必須保持健康」。
嚼
嚼
咿～！
所以說，為了避免累積壓力，有咖啡因、酒精之類的點心也都OK！
採購清單
可以從特定清單中購買點心和食品，
有100種左右
便利商店有的東西
大多買得到
洋芋片
什麼時候想吃都可以。
而且像情人節、女兒節等節慶時，
情人節巧克力
也會有應景的甜點當禮物。
聽說有些設施甚至會提供生日蛋糕。
雖然不會寫名字
生日快樂～
HAPPY
竟然～!?
還真的什麼都吃得到耶。
這也是減輕壓力的一項措施啦…

死刑犯的稱號

一般受刑人，跟死刑犯，
在稱呼方式上也有差別。
一般受刑人，
喂，893號！
會像這樣，用編號來稱呼。
像是累犯※受刑人，也常會叫名字。
大哥！
喂，山田!!
不過一旦成為死刑犯，
不可以叫名字！
就「絕對」必須用編號稱呼。
「絕對」必須？為什麼啊？
原本還以為這時反而會叫某某先生小姐呢……
不會這樣叫啦……
這其實是為了考量到其他死刑犯的心情。
死刑犯基本上並不曉得隔壁房間住的是誰。
咚咚
隔壁好吵喔，該怎麼溝通啊？
咚咚
所以也就不容易起衝突。
知道彼此的名字，既容易發生糾紛，
隔壁叫××的傢伙，原來殺了五個人啊……現在關到第七年，應該快執行死刑了吧……？
然後接下來就換我了？
知道對方牽涉的案件，也就能大致推算出死刑的先後順序。
這也算是對他們的一種體貼啦。
喂……
松……556號……
差一點！
如果是知名的死刑犯，感覺會不小心叫出名字耶……

※已多次服刑之人。

「老師」死刑犯!?

這故事發生在我以前待的看守所。
死刑犯S殺害了三個人，被判死刑。
死刑定讞後已經過了十年。
在看守所內時，監獄官都叫他「老師」。
每當有新進的監獄官到職，
哦～!?你是新來的吧？
你的學長〇〇，個性很急，
他交辦的事情，最好要趕快處理完喔。
大家都很常被罵
你巡邏到我對面那間的時候，
記得要溫柔一點，不然他會抓狂。
S就會在生活中提供各種建議。
我今天照「老師」說的去做，結果超順利！
巡邏順利結束！
真的假的。
因為他說得很準，所以在監獄官之間風評也不錯。
不過，這位「老師」終究也有接受死刑的一刻…
大家要好好照顧自己喔
據說直到赴死前夕，他都還在擔心監獄官的工作順不順利。
俗話說，人之將死，其言也善。
我是看新聞才知道他被處刑了
他就是一個典型的例子呢。
心情複雜…

監獄官
平時
工作時本來就會遵守各種規範。
刑法
刑事設施法
那就是，不能對任何人洩漏參加過死刑一事。
對於參加死刑的監獄官而言，
他們需要遵守的規定更是嚴格得多。
連親戚家人也都不能說嗎？
當然囉。
第4話
死刑的相關規範
畢竟有可能會為自己和親近的人帶來危險呀。
你竟然殺了人
呵呵
不過的場先生，你不就正在對我說這些嗎……
噓！
這次就來介紹死刑的相關規範。

「執行死刑」不算「殺人」的原因

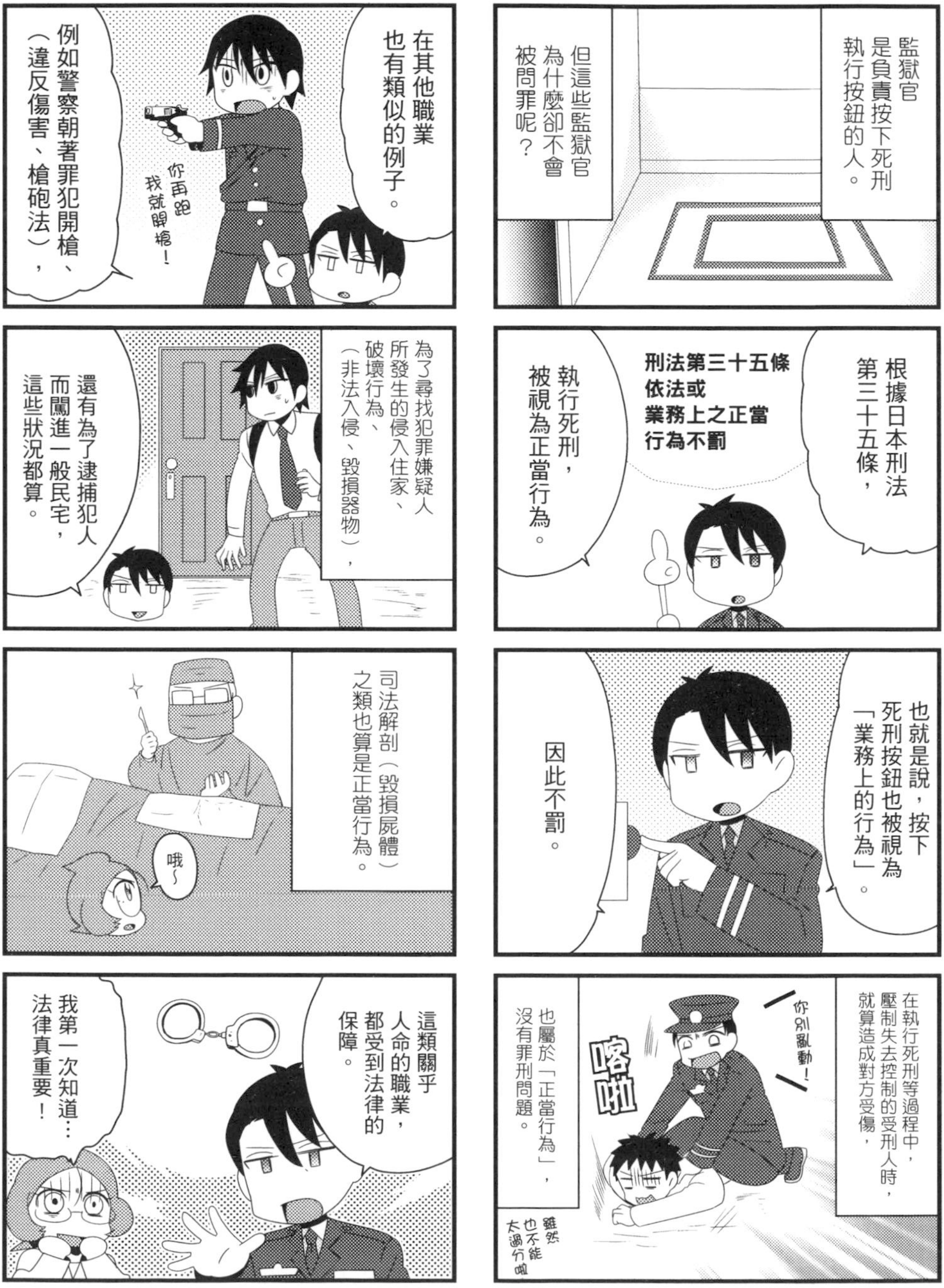
監獄官是負責按下死刑執行按鈕的人。
但這些監獄官為什麼卻不會被問罪呢？
根據日本刑法第三十五條，
刑法第三十五條
依法或業務上之正當行為不罰
執行死刑，被視為正當行為。
也就是說，按下死刑按鈕也被視為「業務上的行為」。
因此不罰。
在執行死刑等過程中，壓制失去控制的受刑人時，就算造成對方受傷，
你別亂動！
喀啦
也屬於「正當行為」，沒有罪刑問題。
雖然也不能太過分啦
在其他職業也有類似的例子。
你再跑我就開槍！
例如警察朝著罪犯開槍、（違反傷害、槍砲法），
為了尋找犯罪嫌疑人所發生的侵入住家、破壞行為、（非法入侵、毀損器物），
還有為了逮捕犯人而闖進一般民宅，這些狀況都算。
司法解剖（毀損屍體）之類也算是正當行為。
哦～
這類關乎人命的職業，都受到法律的保障。
我第一次知道…法律真重要！

以為是死刑!?

在被判死刑後，就會進入
搞不好是今天
或者明天
不知何時執行的狀況。
而在宣告執行死刑這方面，
也有特殊的規定。
死刑最晚必須在當天早上九點前告知，
喂，出來！
驚
並在當天執行。
告知死刑時，
結隊
成群
固定會由三至四名監獄官結伴前往牢房。
以便在犯人失控時予以壓制
因此監獄裡有一條不成文的規定，
以免造成不必要的刺激
「除了執行日當天外，早上九點之前，不會前往牢房的走廊。」
啊！原來
不過在某看守所，卻有個菜鳥監獄官不曉得這項規則，
趁時間還早去巡一巡！
好喔
一大早就跑去巡邏死囚牢房。
甚至找同事一起
此外更多此一舉，跑去和死刑犯講話。
唷～狀況如何呀？
鑽出
終於～
咿～!?
輪到我了！啊啊啊啊！
搖搖晃晃～
讓死刑犯以為快被處刑，陷入巨大的恐慌——
搞到最後直接不省人事……
真的要多注意才行
呃啊～!?
飄走
倒地
就像這樣，一早的死囚牢房氣氛其實非常緊繃。
可以理解……

刑場是誰都能進入的嗎？

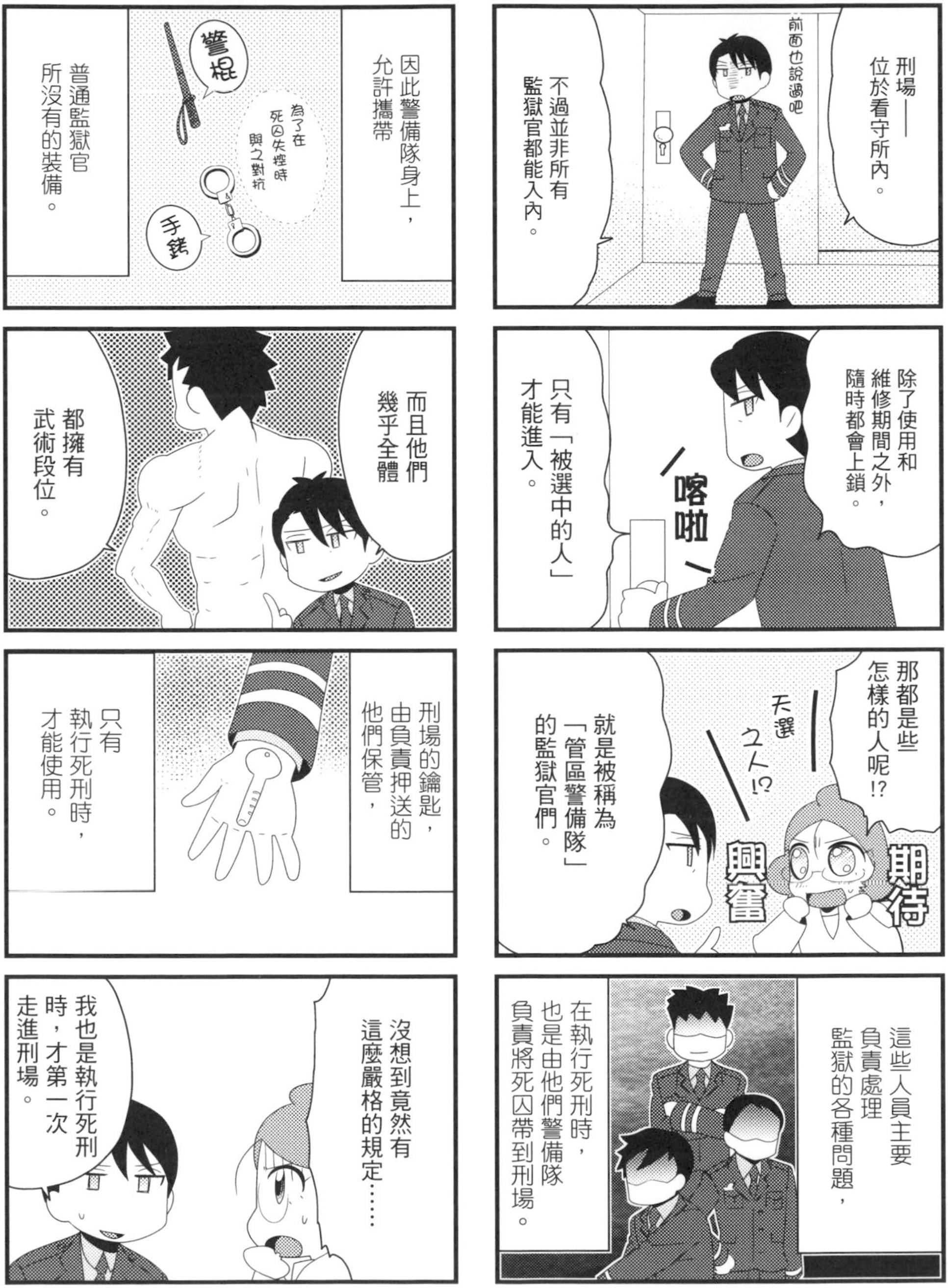
刑場——位於看守所內。
前面也說過吧
不過並非所有監獄官都能入內。
除了使用和維修期間之外，隨時都會上鎖，
喀啦
只有「被選中的人」才能進入。
那都是些怎樣的人呢!?
天選之人!?
期待
興奮
就是被稱為「管區警備隊」的監獄官們。
這些人員主要負責處理監獄的各種問題，
在執行死刑時，也是由他們警備隊負責將死囚帶到刑場。
因此警備隊身上，允許攜帶
警棍
為了在死囚失控時與之對抗
手銬
普通監獄官所沒有的裝備。
而且他們幾乎全體
都擁有武術段位。
刑場的鑰匙，由負責押送的他們保管，
只有執行死刑時，才能使用。
沒想到竟然有這麼嚴格的規定……
我也是執行死刑時，才第一次走進刑場。

打掃的規範

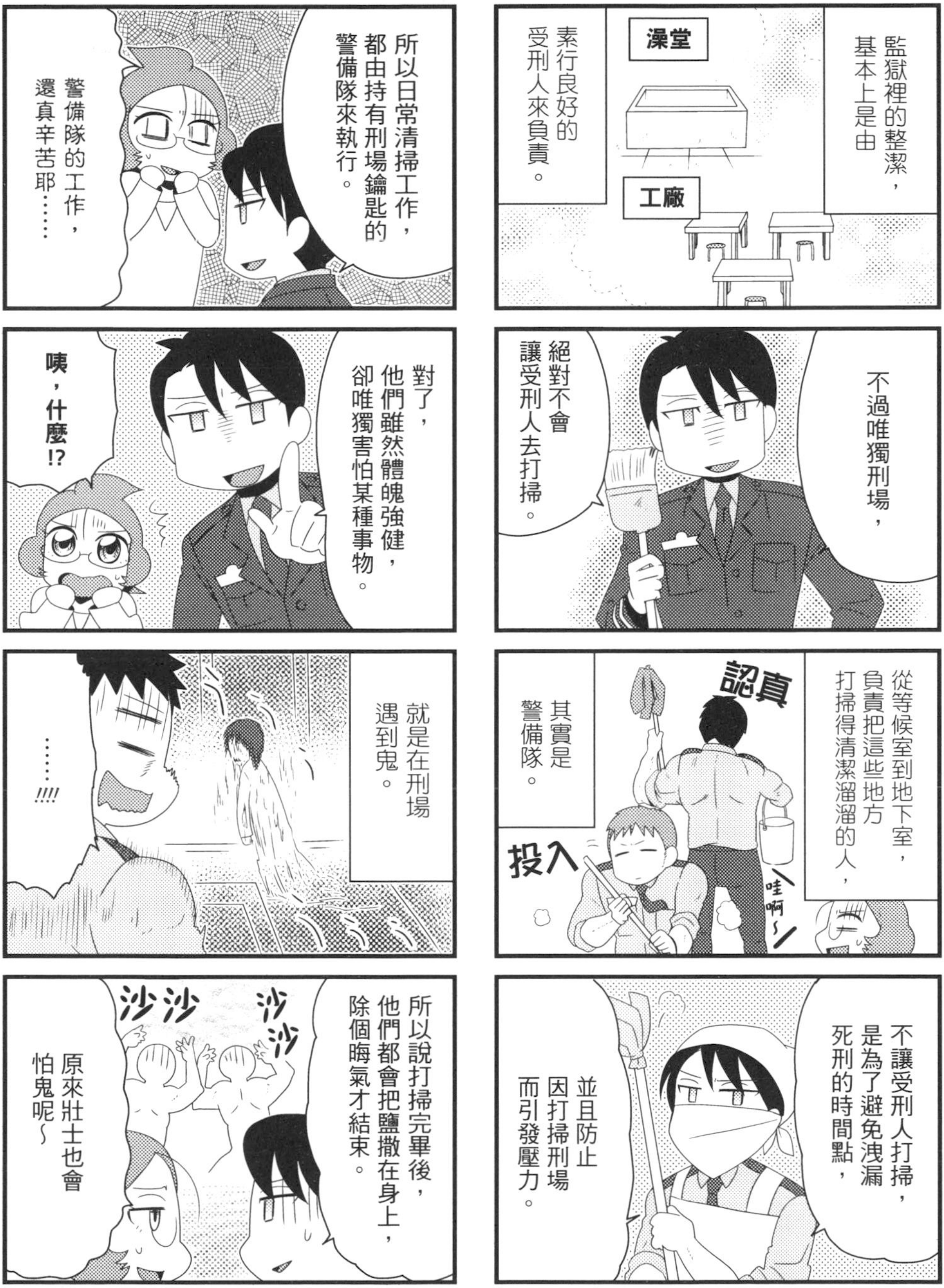

監獄裡的整潔，基本上是由
澡堂
工廠
素行良好的受刑人來負責。
不過唯獨刑場，
絕對不會讓受刑人去打掃。
從等候室到地下室，負責把這些地方打掃得清潔溜溜的人，
認真
投入
哇啊～
其實是警備隊。
不讓受刑人打掃，是為了避免洩漏死刑的時間點，
並且防止因打掃刑場而引發壓力。
所以日常清掃工作，都由持有刑場鑰匙的警備隊來執行。
警備隊的工作，還真辛苦耶……
對了，他們雖然體魄強健，卻唯獨害怕某種事物。
咦，什麼!?
就是在刑場遇到鬼。
……!!!!
所以說打掃完畢後，他們都會把鹽撒在身上，除個晦氣才結束。
沙沙
沙沙
原來壯士也會怕鬼呢～

押送死刑犯

死囚牢房有項規定，那就是死刑犯
每年最少必須「換房」一次。
「換房」是什麼？
簡單說，就是「搬遷」。
死刑犯住在同個地點可能長達數十年。
在獄中運動
洗澡
只有每週兩到三次運動，以及每週兩次洗澡時，會離開房間。
因此相當容易累積壓力。
\煥然一新/
所以才會讓他們每年換一次房間。
原來是換房間轉換心情呀～
真不錯
不過最大的目的，其實是「預防逃獄」。
預防逃獄!?
書
文具
食物
洋芋片
死刑犯的購物品項限制比一般受刑人還寬鬆。
意外地什麼都能買
而且在執行死刑前的時間也很長，
花個十年總是能挖出洞來吧～
沙沙
沙沙
摸摸
偷偷
用筆削牆壁
因此不少人都會想偷挖牆壁、打破窗戶，企圖逃跑。
因此也才會透過強制換房，防範不正當的行為。
把那傢伙移到這間……然後跟他……
啊，這樣不行
嗯～
嗯～
不過，規劃房間的分配，倒是相當麻煩。

分配編號的規則

除了受刑人，死刑犯也會有「稱呼編號」。
這個
12345
山田太郎
也就是用特定的號碼來代替姓名。
號碼也有規範嗎？
嗯～
雖然會依設施而異，
但以一般受刑人而言，比如刑期長就是四位數；
A級（初犯短期）
100～999號
LB級（累犯長期）
1000～2000號
之類的
※只是其中的一個例子
刑期短就是三位數之類……
接著就是根據「外國人」、「女性」、「累犯次數」等等，
像是加上英文字母
外國人
Ⓐ1536
或在尾數加上入監次數等等
356②
第2次
根據能一眼辨別的特定規則來調整編號。
在文件上也很一目了然

尤其在死刑犯的編號上，可能會忌諱某些數字。
忌諱的數字!?
是什麼？
其實就是吉凶數啦。
4（死）
很多看守所，都不會使用這類數字。
另外這些應該也是。
594※
獄死
42
死人
哦～原來如此。

※日文發音類似。

這是對死刑犯的顧慮。那怕只是一點點，也要盡量減少死亡的氣息。
雖然我之前待的看守所並沒有特別迴避
94很貼心！的感覺!?

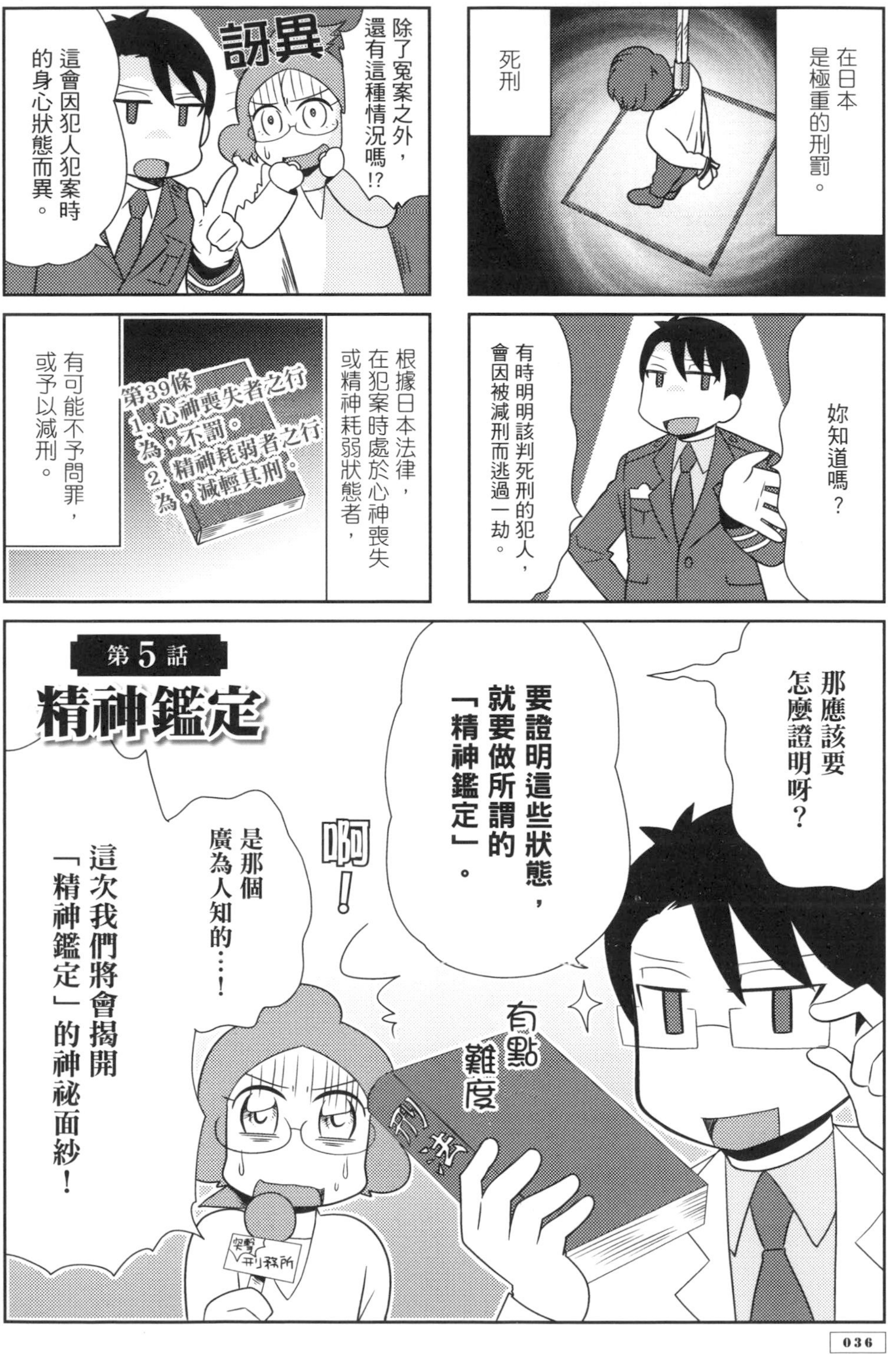
在日本是極重的刑罰。
死刑
除了冤案之外，還有這種情況嗎!?
訝異
這會因犯人犯案時的身心狀態而異。
妳知道嗎？
有時明明該判死刑的犯人，會因被減刑而逃過一劫。
根據日本法律，在犯案時處於心神喪失或精神耗弱狀態者，
第39條 1. 心神喪失者之行為，不罰。 2. 精神耗弱者之行為，減輕其刑。
有可能不予問罪，或予以減刑。
那應該要怎麼證明呀？
要證明這些狀態，就要做所謂的「精神鑑定」。
啊！
有點難度
是那個廣為人知的……！
這次我們將會揭開「精神鑑定」的神祕面紗！
第5話
精神鑑定

精神鑑定的類別

精神鑑定為求維持公平性，
會由身為第三方的精神科醫師來執行。
實際上，精神鑑定主要分成三種。
並非只有一種
咦，是這樣哦？
第一種是起訴前精神鑑定。
①簡易鑑定
透過數小時測驗就結束的簡單鑑定
②正式鑑定
住院接受各類測驗，費時兩到三個月
這些會由檢方在起訴前發起。
檢方會依據結果，來決定是否起訴。
這樣可以起訴嗎……
順便補充，如果正式檢定結果是「無行為能力」，就幾乎百分百不會起訴。

還有一種是審判間精神鑑定。
③法院鑑定
起訴後至審理期間執行。
跟正式鑑定一樣，費時2～3個月。
這可以再次確認簡易鑑定的內容。
慢～慢地
就算是這樣，鑑定時間未免太久了吧？
竟然要兩到三個月！
之所以花時間進行，是為了防止「佯病」※。

※即裝病。

精神鑑定會耗費兩到三個月的時間，全天候進行。
在房間裡也有監視器，因此是幾乎不可能裝病的。
除非有辦法連續九十天二十四小時一直演戲啦。
就算是再厲害的演員也很難吧！

鑑定結果會如何影響判決？

精神鑑定可能得出的結果有三種。
①心神喪失狀態
↓無行為能力
無罪
②精神耗弱狀態
↓限制行為能力
有罪但減刑
若是應判死刑的犯罪情事，就會變成無期徒刑。
心神喪失就會變無罪!?
咦咦咦咦
沒有錯，依據鑑定結果，會產生天差地別的影響。
最後還有
③有行為能力
↓會被問罪
不可減刑
若是重大犯罪，也可能判死刑。
但是啊，心神喪失跟精神耗弱，
嗚咿～
扭來
扭去
假如是因為喝了酒，在沒記憶的狀態下犯罪，又會怎麼處理？
因攝取酒精導致故意的心神喪失，不在此範疇內。
大概十年前的一個案例。有個男人藉著酒意殺人。
但他的事前準備相當周到，犯後也有掩蓋行為，
因此被視為「故意」攝取酒精，不予減刑，判處無期徒刑。
「故意」攝取藥物的犯罪，同樣不在此範疇內。
絕對不允許濫用
也就是說，除了精神疾患之外，是不可能判無罪的？

鑑定的方式

在精神鑑定之中，有項特別著名的「繪畫測驗」。
一之瀨，妳要不要試試看？幫我在這張紙上畫棵樹木。
交給我吧！
沙沙 沙沙～
這樣能看出什麼呢？
哦哦，這可以清～楚得知妳是個怎樣的人。
嘿嘿嘿嘿…
將紙張橫放作畫
→不安的表現
枝葉寬廣
→胸襟開闊
樹在右側
→自我中心、支配性
樹幹筆直
→頑固、不願退讓
欸！
樹幹＝內心的強韌度
樹枝＝心的寬闊程度
樹木位置＝是否自我中心、是否為他人著想
雖…雖然不甘心，但是很準…！
咬牙切齒
這個畫樹木的測驗被稱為「繪樹測驗」（Baum Test），是相當主流的方法。
順便舉例，這是精神有狀況的被告所畫的圖。
繪畫精確
左右對稱
→強烈的抗憂鬱傾向
樹幹完全塗黑
→強烈自我厭惡
兩顆太陽
→雙重人格傾向
光是一張圖，就能知道這麼多資訊。
唔嗯～好厲害啊…
那我也想看看你畫的樹，拿過來嘛～
機會難得呢
賊笑 賊笑
我…拒絕！
美術被當
亂七八糟

精神鑑定過後

在精神鑑定中被判定為心神喪失或精神耗弱的人，
會直接獲判無罪；就算有罪也不會馬上收監入獄。
哦!?什麼情形？
因為必須著手處理當事人的疾病。
「措施」主要有兩種。①安置住院
在有「自傷／他傷」的情形下，就會採取這項措施。會住院到「自傷他傷」不再發生為止。
②根據《醫療觀察法》住院
這是在不起訴之後，「以治療為目的」的強制住院。
這兩種，好像沒什麼差啊……？
①安置住院
②根據《醫療觀察法》住院
乍看如此，其實大有不同。
根據醫療觀察法住院，目標是「完全治癒」，
因此幾乎都會長期住院。
安置住院則是只要沒有「自傷他傷」之虞就能出院。
所以也有人陷在這樣的迴圈裡頭。
變穩定
出院
再犯
安置住院
轉
轉
魔性迴圈。
說是這樣說，卻也沒辦法讓所有人都長期住院……
嗯～
床位也是有限的
是個相當沉重的問題呀…
唉～

死刑犯U因強盜殺人殺害兩個人，而遭判死刑。
聽當時負責移送的前輩說，狀況似乎相當棘手。
啊～
呀～
畢竟得拚命壓制失控的死刑犯。
他在判決後移送時激烈反抗。
他們要來找我了！
呀啊～
聽話！待好！
因此身體遭強制拘束。
哇啊～
接著就在移送的幾天後，據說住在單人房的U，不知為何突然過世了。
第6話
移送死刑犯
U沒有慢性病史，直到死前一天都很健康。
直到死去為止，
那些人來找我了！
他都持續喊著……
那該不會是死者的……怨念……？
噫～！
悚然
這、這次將為大家介紹「移送死刑犯」的狀況。

廣為人知的移送方式

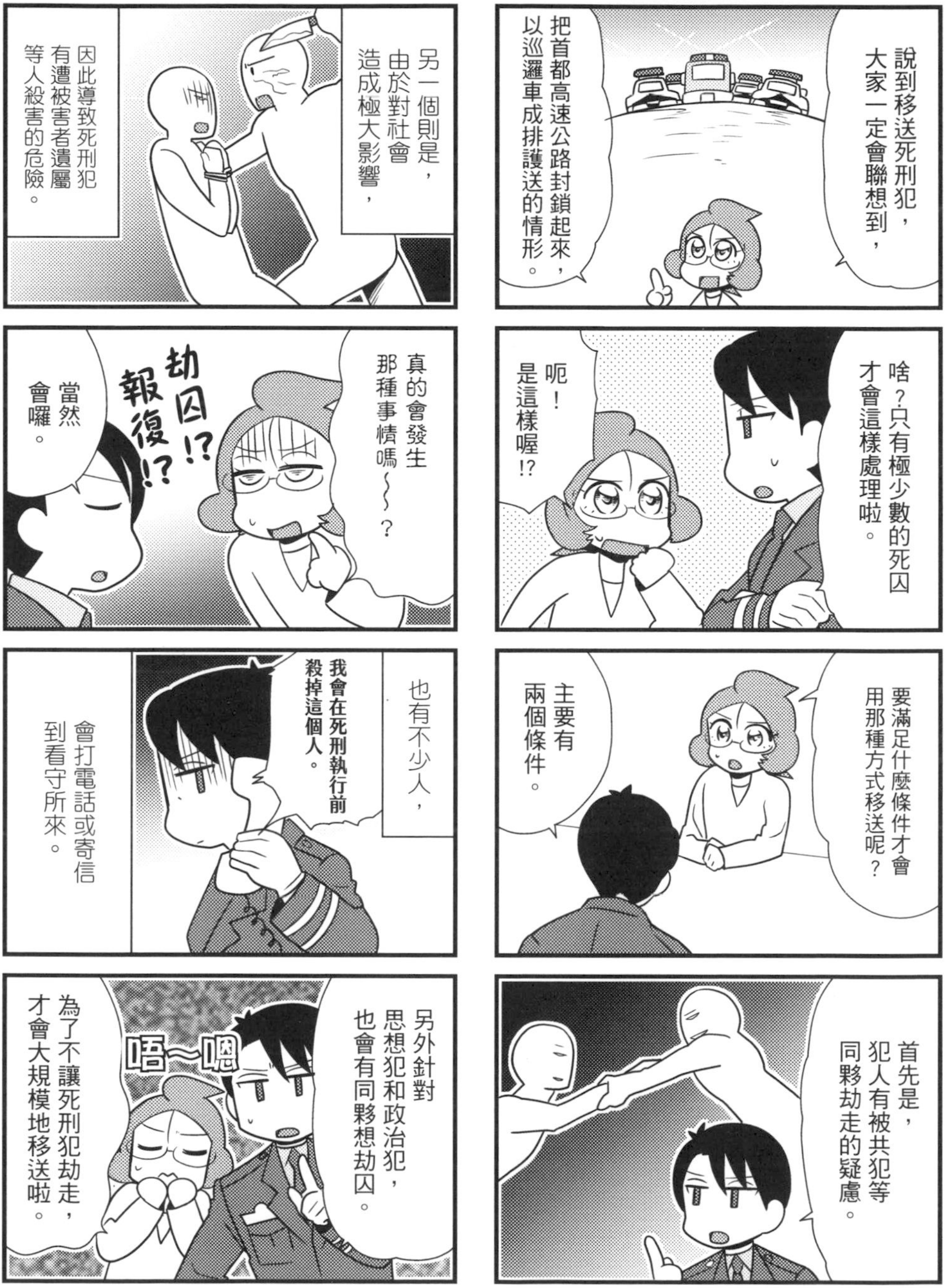

說到移送死刑犯，大家一定會聯想到，
把首都高速公路封鎖起來，以巡邏車成排護送的情形。
啥？只有極少數的死囚才會這樣處理啦。
呃！是這樣喔!?
要滿足什麼條件才會用那種方式移送呢？
主要有兩個條件。
首先是，犯人有被共犯等同夥劫走的疑慮。
另一個則是，由於對社會造成極大影響，
因此導致死刑犯有遭被害者遺屬等人殺害的危險。
真的會發生那種事情嗎~~~？
劫囚!? 報復!?
當然會囉。
也有不少人，
我會在死刑執行前殺掉這個人。
會打電話或寄信到看守所來。
另外針對思想犯和政治犯，也會有同夥想劫囚。
唔~嗯
為了不讓死刑犯劫走，才會大規模地移送啦。

移送的訓練!?

差點忘記說，在這類「特殊移送」的時候，
會先進行「訓練」喔。
是要練習移送嗎？
不對，妳猜錯了。
在特殊移送時，需要大量的人手。
警衛
司機
諸如此類
這種時候就會對外宣布，即將執行「跨管區聯合訓練」，
並將監獄官集合到預計執行移送的看守所裡。
接著在召集的隔天，又會對詢問情況的各家媒體表示：
中止通知
通知
訓練中止
「訓練中止了」。
這是怎樣!? 明明特地集合，卻不訓練嗎？
這樣有什麼意義！
這是為了不被外界發現「即將為死刑犯執行特殊移送」。
如果大量監獄官一口氣跑到特定的監獄集合，
就會被人察覺「被移送的死囚應該很快就要執行死刑了」。
這純粹是用「聯合訓練」來掩飾集合人員的目的。
畢竟「執行死刑的時間點」可是最高機密呀。

犯人在移送中逃走

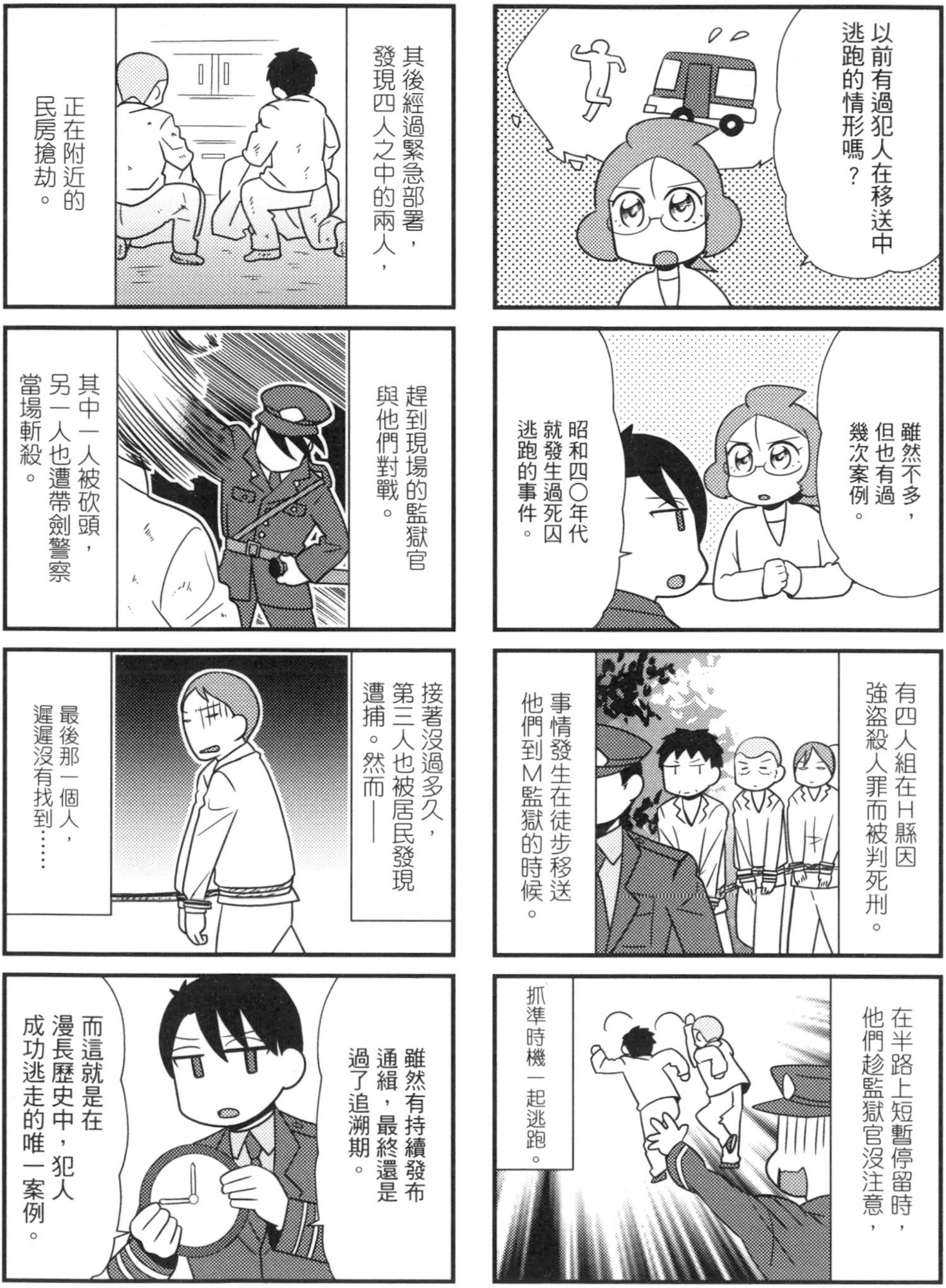
以前有過犯人在移送中逃跑的情形嗎？
雖然不多，但也有過幾次案例。
昭和四〇年代就發生過死囚逃跑的事件。
有四人組在H縣因強盜殺人罪而被判死刑。
事情發生在徒步移送他們到M監獄的時候。
在半路上短暫停留時，他們趁監獄官沒注意，
抓準時機一起逃跑。
其後經過緊急部署，發現四人之中的兩人，
正在附近的民房搶劫。
趕到現場的監獄官與他們對戰。
其中一人被砍頭，另一人也遭帶劍警察當場斬殺。
接著沒過多久，第三人也被居民發現遭捕。然而——
最後那一個人，遲遲沒有找到……
雖然有持續發布通緝，最終還是過了追溯期。
而這就是在漫長歷史中，犯人成功逃走的唯一案例。

恐怖的「移監仙台」

以前死刑犯最害怕的移送，
就是所謂的「移監仙台」。
Welcome 仙台
那是啥？
仙台⁇
目前大量收監死刑犯的地方，就是東京看守所。
不過在一九五〇年代，由於東京看守所改建，
因此暫時無法執行死刑。
施工中
所以當時死刑都改到距離較近且設備完整的
仙台看守所去執行。
在東京看守所等候死刑的死囚，
一個個被移監仙台，執行了死刑。
於是乎，在死刑犯之間，
移監仙台
等於
死刑
就有了這樣的傳言。
移送到仙台，就等於踏上死亡之旅……
可怕…
所以死刑犯都很害怕被移監到仙台。
過了一陣子，東京看守所改建完成，就不再需要移監仙台了。
不過至今有一些資深監獄官，還是會把「移監仙台」當成行話來使用喔。

移送死刑犯的意義

死刑犯基本上應該都待在看守所裡對吧？
那為什麼還要移送呢？
當然要！
首先如果是在沒有死刑設備的看守所被判了死刑，
就會盡速移送到有死刑設備的看守所。
大概兩週以內。
另一種情況，
則是有共犯。
這是被稱為「死刑同時執行」的原則，
所有共犯的死刑，必須在同一天的相同時刻執行。
同時執行
LIVE
啊！的確在新聞上看過這種移送！
不過為什麼非得要同時不可呢？
這是為了讓事件能一次拉下終幕。
另外有看法認為，犯下同樣的罪，就該在相同的日子終結性命。
唔～嗯
原來如此～還真的有各式各樣的原則…

（註）台灣為法務部長。

第7話 死刑確定執行前的流程

製作呈報書

死刑判決確定之後，
檢方會製作「呈報書」，送交法務大臣。
「呈報書」是什麼？
呈報書
主要就是統整了公審紀錄、判決謄本等等的文件。
也就是說，「某某事件的被告獲得了如此的判決，而成為死刑犯」，
文件的內容大致就是這樣。
※在「呈報書」送達法務省後，
檢方
法務省
「判決的確定紀錄」就會從檢方移動至法務省。
由於是跟判決相關的全數資料，
一大疊～
分量也就非常龐大。
咿呀～～！
不過這個「確定紀錄」，
絕對不會交給一般的業者運送。
畢竟萬一遺失，就會釀成重大的情報外洩，
因此一定會由法務省職員親自搬運。
嘿
咻
嘿
還真謹慎欸。
喘息
畢竟事關一條人命嘛。
喘息

※在台灣為法務部。

死刑執行起案書

等資料全都送達法務省之後，
才能真的開始製作「死刑執行起案書」。
期間也會兼作審查，考量像是
有沒有停止執行死刑的理由？
有沒有案件屬於※大赦的對象？
等等的條件。
這項作業會由誰執行？
感覺很累～
首先會在一個叫刑事局總務課的地方，檢查資料是否缺漏。
一旦資料齊全，就會選出一位附屬於※刑事局的檢察官，
來審查紀錄。
欸!?只由一個人做!?
未免太辛苦!?
日本每年都會增加五到二十名的死刑犯。
要是一個案件必須投入好幾個人力，根本沒有做完的一天。
就一個人耶!?
可是，光一個人有辦法確實審查嗎？
這種審查接續在一審至三審後頭，
甚至還被稱為官司的「第四審」，過程非常嚴格，所以不可能出錯。
哪怕只是少了一份資料，審查也會停下來喔。
照片有缺漏！
不行。
這樣是很嚴格沒錯…

※依據行政權，消滅或減輕全部或部分國家刑罰權的制度。

※日本法務省內負責管理警報、引渡犯罪者等工作的部門。

迴避死刑!?

當符合某項條件，犯人也有可能在製作「死刑執行起案書」的時間點，
釋放
被排除在死刑對象之外。
先前我有說明過，妳還記得嗎？
我想想，生病之類的？
幾乎答對！
停止執行！
有精神疾患
在製作起案書的時間點，如果死囚被認定有精神病，就會停止執行。
另外若是女性處於懷孕狀態，
也會從執行對象排除。
一九五〇年代發生過一起事件，因某個特殊理由而停止了執行。
不是生病或懷孕!?
在製作「死刑執行起案書」時不可或缺的審判紀錄，被地檢弄丟了。
到處都找不到耶！
啥!?
所以死刑暫且被無限延期了。
不過在那期間，卻爆出警方在查案時曾以拷問取得自白，
無罪
並有捏造證據的事實，使當事人突然變成了無罪。
從那之後，一方面也是為了防止冤案，就開始會徹底檢查審判資料是否缺漏。
想到會因這樣而變成死刑，就覺得毛骨悚然
變得更謹慎了⋯⋯！

「死刑執行命令書」完成前的流程

在經過審查，完成了「死刑執行起案書」後，
法務省內部
保護局
矯正局
刑事局
文件就會照這個流程傳遞下去。
長長一排
期間必須獲得12人的批准
到了最後，刑事局長會把「死刑執行起案書」的標題
刑事局長
改成「死刑執行命令書」，再提交法務大臣辦公廳。
大臣辦公廳
接著在那之後，命令書則是會跑這個流程。
官房長
祕書課長
祕書課檢察官
命令書
人數實在多得驚人…
而在最後，法務大臣將會簽名。
在簽署之後，為避免疏漏，
各類最終確認
・有沒有好好簽名呢？
・有沒有任何錯誤呢？
會再傳回事務部門的最高首長「事務次官」那裡去。
這樣子命令書就算是製作完成了。
癱軟～
好漫長的過程——
不過其實在法務大臣簽名之前，是否要執行死刑，早就塵埃落定了喔。
從事前就會跟事務次官、法務大臣先行協商，
死刑
中止
決定出大致的方向。
咦!?
所以說，要是法務大臣最後不願意簽名，
NO
事務次官甚至可能會因為「事前協商不足」而遭到處分喔。
結果底定!?

簽署死刑執行命令書與執行死刑

當「死刑執行命令書」送達法務大臣手邊，
大臣會再次熟讀該宗犯罪的相關資料。
公判記錄⑪
公判記錄⑫
全部都要看嗎!?
量很多耶!?
當然要啊。
直到最後一刻，都必須認真審查是否可能有冤情，這是非常重要的工作。
當法務大臣在此階段判斷「死刑確定」，
就會簽發「死刑執行命令書」給檢察廳刑事長。
據說過去曾經用「紅色鉛筆」來簽名，
現今這類文件則都改成用印。
為什麼以前要用「紅色鉛筆」簽名呢？
比較難擦掉之類的？
說法很多，但沒有定論。比如以前都是用紅墨水來寫死者的名字之類。
也有傳聞說，以前法務大臣
對媒體宣布執行死刑時，在桌上放著紅色鉛筆跟念珠。
記者們見狀，就察覺應該是要執行死刑了。
吞口水…
當走到確定執行死刑這一步，就不再是「批准」，而成了「命令」。
在那之後就絕對不可能再推翻死刑的決定了。

死刑執行指揮書

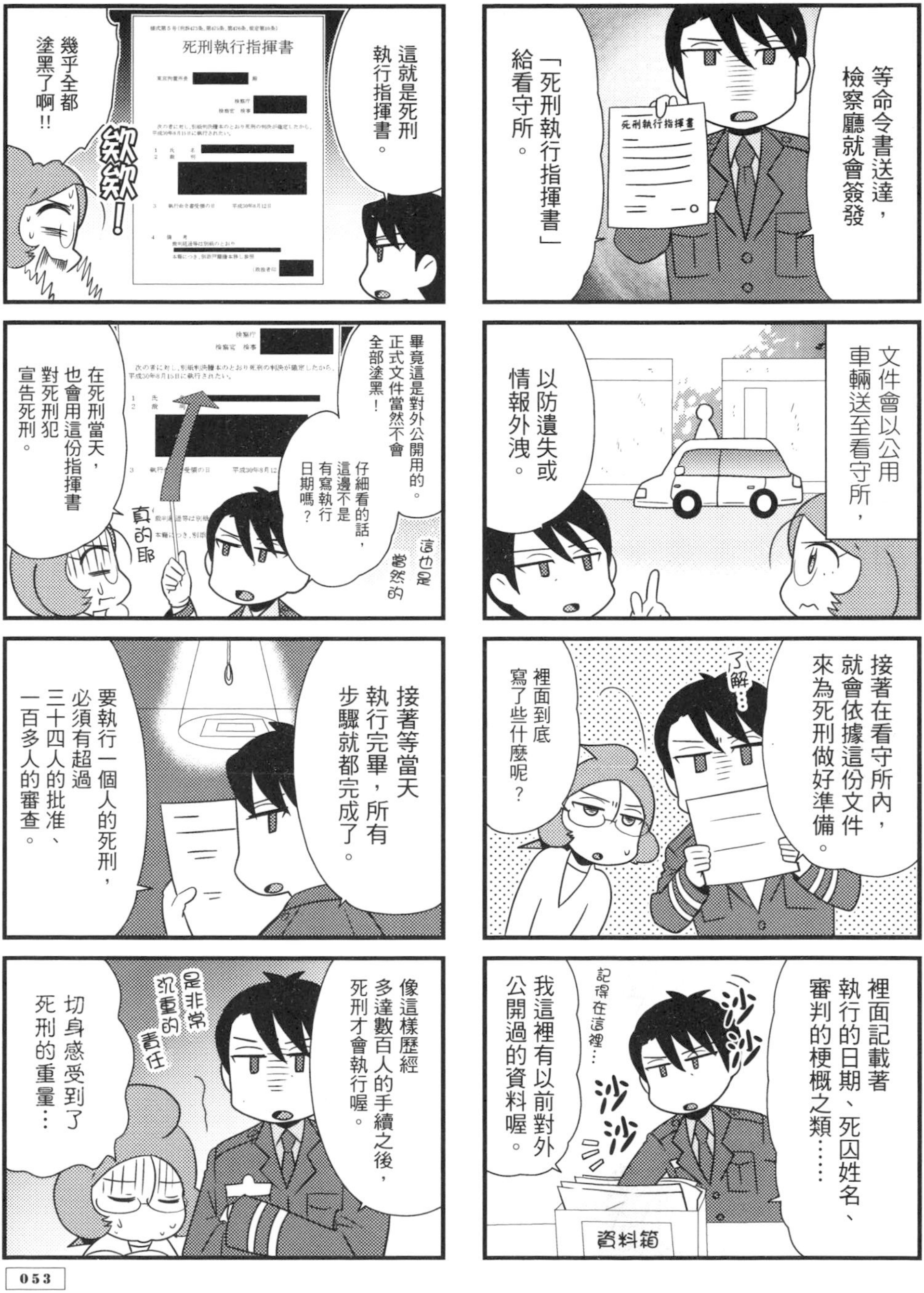
等命令書送達，
檢察廳就會簽發
「死刑執行指揮書」
給看守所。
文件會以公用車輛送至看守所，
以防遺失或情報外洩。
接著在看守所內，就會依據這份文件來為死刑做好準備。
了解…
裡面到底寫了些什麼呢？
裡面記載著執行的日期、死囚姓名、審判的梗概之類……
沙沙
沙沙
記得在這裡…
我這裡有以前對外公開過的資料喔。
資料箱
這就是死刑執行指揮書。
死刑執行指揮書
欸欸!
幾乎全都塗黑了啊!!
畢竟這是對外公開用的。正式文件當然不會全部塗黑!
這也是當然的
仔細看的話，這邊不是有寫執行日期嗎？
真的耶
在死刑當天，也會用這份指揮書對死刑犯宣告死刑。
接著等當天執行完畢，所有步驟就都完成了。
要執行一個人的死刑，必須有超過三十四人的批准、一百多人的審查。
像這樣歷經多達數百人的手續之後，死刑才會執行喔。
是非常沉重的責任
切身感受到了死刑的重量…

《想知道看守所裡的暗語!!》

未判決者帶著便當出來了

「未判決者的審判結果是緩刑出獄」的意思。

告密

指「要去祕密通知行刑官」。

那傢伙是因為粉紅色進來的

粉紅色＝性犯罪的意思。

落紅

在審判中判決有罪，
將入監成為受刑人。

這些話真的有比較好懂嗎!?

雖然有各路人馬會到現場參與死刑，
其中最身負重任的，就是稱為「處遇部長」的監獄官。
處遇部長是主掌死刑全數事務的負責人。
哦～
原來如此。那處遇部長這號人物在監獄裡是怎樣的定位呢？
監獄的人事結構長這樣。
典獄長
最高
總務部長
處遇部長
教育部長
醫務部長
國際對策室長etc
主席
主席
主席
主席
主席
那處遇部長其實滿位高權重的耶！
還擁有很多下屬
換句話說就是監獄裡的第二大。
第8話
處遇部長
處遇部長平時是管理職，會管理跟收容人生活相關的所有案件。
就連執行死刑時都會到場喔。
送受刑人最後一程也是很重要的工作呢。
所以說，這次就讓我來請教處遇部長的相關資訊！

巡邏

處遇部長有項很重要的工作，就是巡邏。
每天都必須在獄中巡邏數次，確認收容人的情況。
哦～一個人巡邏嗎！
畢竟地位很高還以為會帶著整群下屬去巡邏呢
沒錯。在巡邏期間會確認有沒有發生意外或事端。
①眼觀
洗衣房
確認牢房、工廠等處有無異常狀況。
②耳聞
那位受刑人的狀況？
沒有問題。
主要會向負責人確認情形。
尤其是具精神疾患、有自殺之虞的人物，確認就更加重要。
畢竟期間如果發生意外，處遇部長必須全權擔起責任。
真的會一個一個仔細確認耶！
好佩服！
唉
不過部長出來巡邏，會讓大家很緊張的說——
懂～畢竟是高官在走動嘛……
一般監獄官會很有壓力……
緊繃～
哎呀哎呀
很難放鬆吧
而且一天會巡邏一次以上，次數並不固定。
所以也有部長會一天巡邏幾十次，根本完全沒辦法鬆懈啦～！
原本的工作進度都落後了！
在很多層面上，都很難做事呢……

發生意外

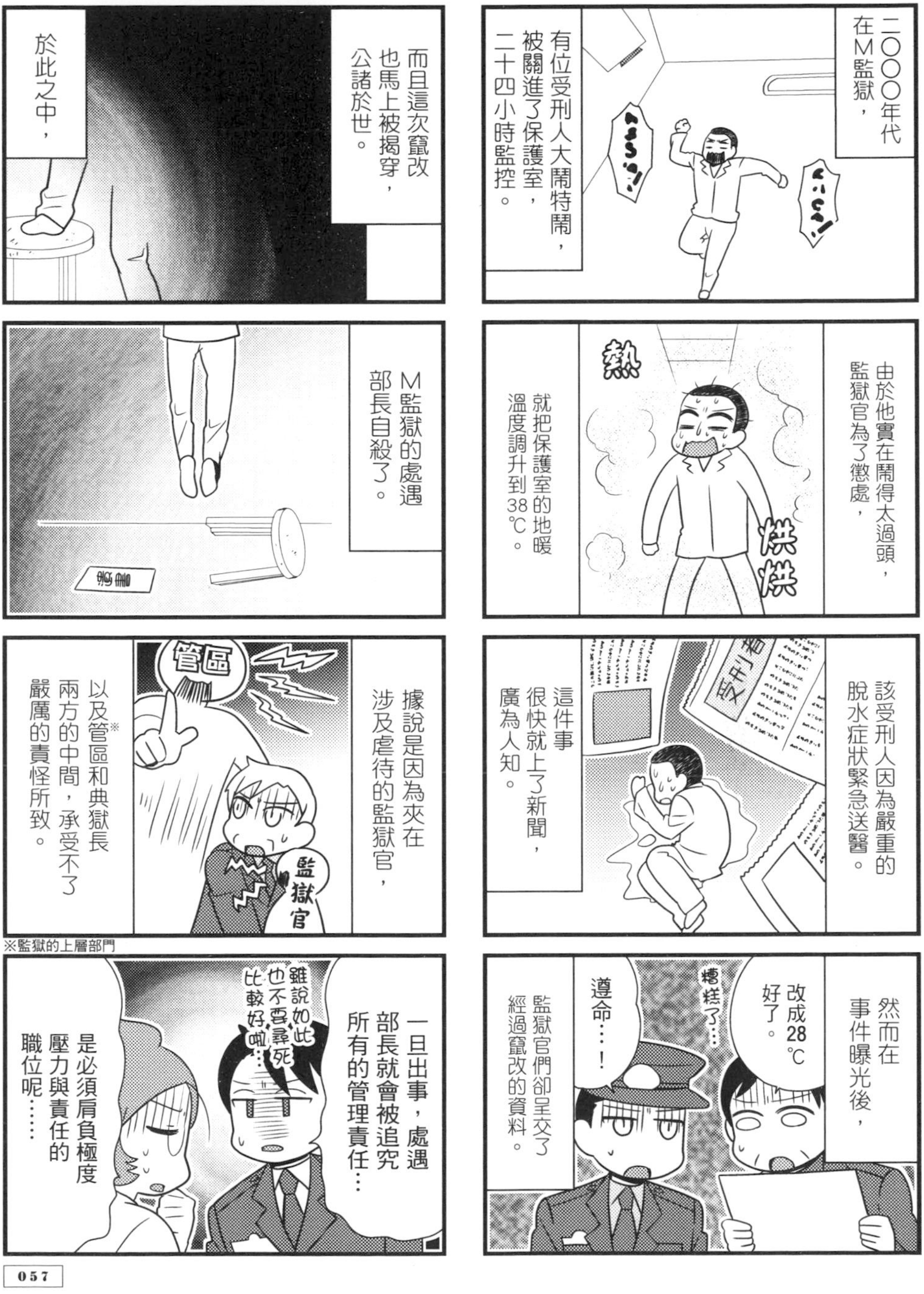

二〇〇〇年代在M監獄，
有位受刑人大鬧特鬧，被關進了保護室，二十四小時監控。
由於他實在鬧得太過頭，監獄官為了懲處，
熱
就把保護室的地暖溫度調升到38℃。
烘烘
該受刑人因為嚴重的脫水症狀緊急送醫。
這件事很快就上了新聞，廣為人知。
然而在事件曝光後，
改成28℃好了。
糟糕了……
遵命…！
監獄官們卻呈交了經過竄改的資料。
而且這次竄改也馬上被揭穿，公諸於世。
於此之中，
M監獄的處遇部長自殺了。
據說是因為夾在涉及虐待的監獄官，
管區
監獄官
以及管區※和典獄長兩方的中間，承受不了嚴厲的責怪所致。
一旦出事，處遇部長就會被追究所有的管理責任……
雖說如此也不要尋死比較好啦……
是必須肩負極度壓力與責任的職位呢……

※監獄的上層部門

壓力滿點

在某間看守所有一位叫N的處遇部長。
哎呀呀
包括處遇部長在內，所有的「部長」，
處遇部長室
都會獲得工作用的獨立空間。
但N部長說
我想跟大家待在一起工作耶～
一個人會孤單
所以主要都在大家的辦公室裡處理工作。
哇哈哈
某一天，N部長身上傳來了怪味…
臭兮兮～
嗯…!?酒臭味？
原來N部長每逢午休就會返回位於監獄附近的宿舍，
噗哇
喝一大堆酒，下午再回來工作。
怎麼會有這種事!?都沒人告誡他嗎？
一般監獄官哪能警告監獄裡第二大的人啊!?
結果N部長在一年之後因為酒精中毒，
嘔
在辦公室裡大吐血，被緊急送醫，就沒再回來了。
他似乎是為了逃避壓力才會喝酒。
跑到一大堆人旁邊工作，很容易就會被發現，但這或許是部長的求救訊號也不一定……

驚奇部長

我是的場的同事二水。
在我工作的監獄裡，
有位處遇部長，綽號叫「驚奇部長」。
某天晨間檢查時——
我今天有重要的事情要訓示！
昨天出庭的移動過程中，※發生了未判決者掙脫手銬逃跑未遂的情事！
！
這種事可是前所未聞！
所有人給我把皮繃緊，絕對不准再發生！
悄悄話
發…發生不得了的事情了。
…
我忍不住這樣告訴同事。
低聲
那個啊，其實是他自己惹出來的事態哦。
悄悄話
欸…!!
咿！
那邊的！吵什麼吵！
噓~
噓~
負責押送出庭的不是別人，正是驚奇部長本人。
據說他在移送時不夠注意，
讓未判決者用偷藏起來的鐵絲拆掉手銬，差點就逃跑了。
他把所有責任都推給下屬，還高高在上地對大家訓話……
唉——
那厚顏無恥的程度真的讓我嚇到嘴巴都闔不起來了……
嗚哇

※指前往法庭。

驚奇部長又惹事

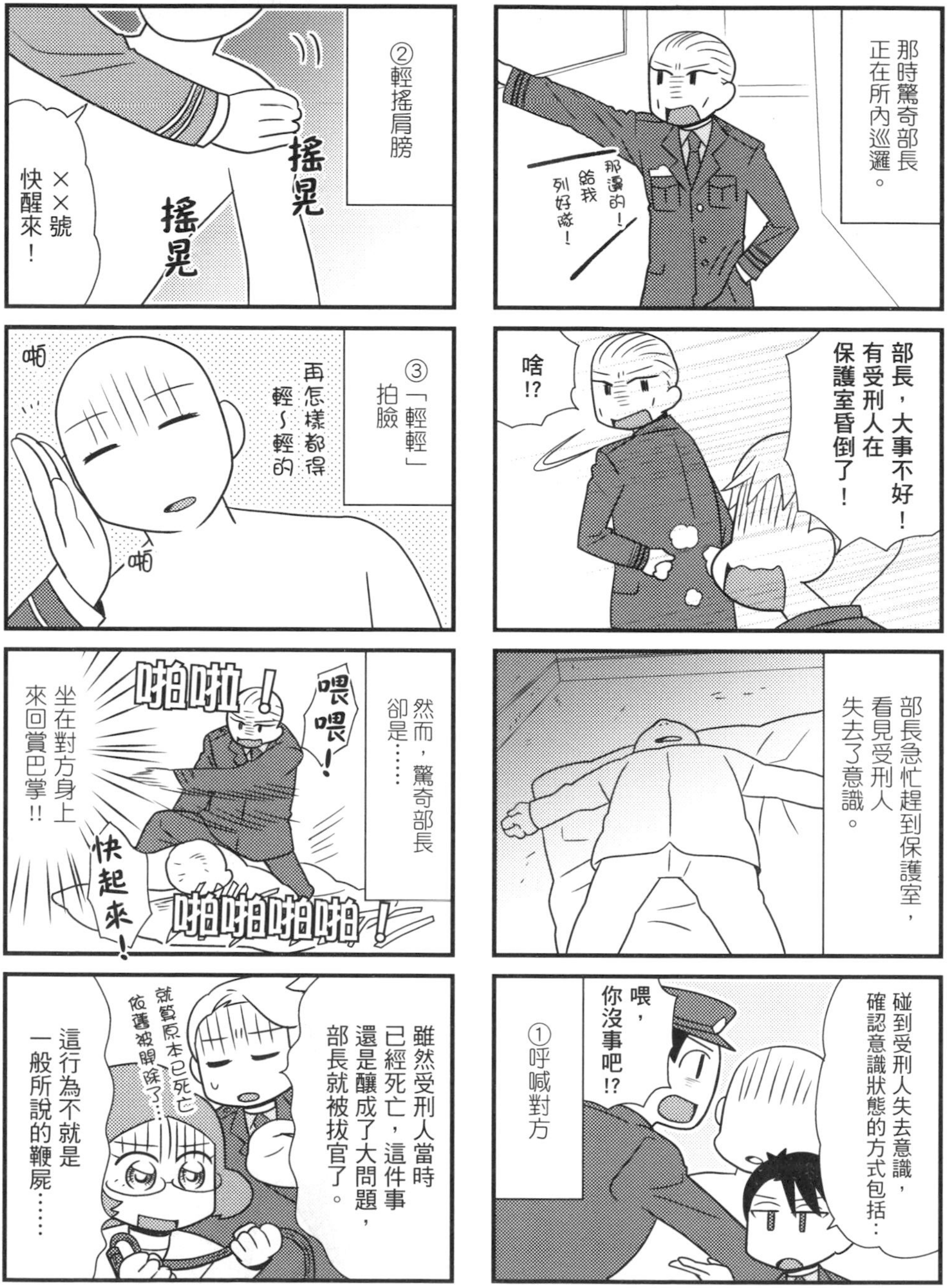
那時驚奇部長正在所內巡邏。
那邊的！給我列好隊！
部長，大事不好！有受刑人在保護室昏倒了！
啥!?
部長急忙趕到保護室，看見受刑人失去了意識。
碰到受刑人失去意識，確認意識狀態的方式包括⋯
①呼喊對方
喂，你沒事吧!?
②輕搖肩膀
搖晃
搖晃
××號快醒來！
③「輕輕」拍臉
再怎樣都得輕～輕的
啪
啪
然而，驚奇部長卻是⋯⋯
喂喂！
啪啦！
坐在對方身上來回賞巴掌!!
快起來！
啪啪啪啪！
雖然受刑人當時已經死亡，這件事還是釀成了大問題，部長就被拔官了。
就算原本已死亡依舊被開除了⋯
這行為不就是一般所說的鞭屍⋯⋯

在死刑方面，
監獄的典獄長要擔負全部的責任。
所以說，死刑當天也就必須出席，一路見證到最後。
換言之就是監獄的頭頭。
任務是從死刑確定直到執行，要確保整個過程都能順利。
那監獄的典獄長，平常都會做些什麼呢？
一時之間有點難想像…
第9話
典獄長
因為是管理職，像是人事、巡邏之類……
我想想
反正就跟一般監獄官不一樣啦。
那這次就請你分享典獄長的各種資訊吧！
雀躍不已
還是一樣任性耶妳~~

要排隊的〇〇室

典獄長平常的工作主要關乎批示和命令。
准
很多日常文件，都只有典獄長才能批示，
所以光是確認文件，工作就很繁重了。
而在那之中，每年都要來個幾次的苦差事就是…
「異動」。
異動就是轉調之類的命令吧？
沒錯！
那有什麼辛苦的呢？
咦～？
因為那些異動命令，也都非得由典獄長來執行不可。
遞辭呈
咦！是這樣嗎？
所以在每年四月大異動的時候——
所長室
嘈雜
嘈雜
隊伍有夠長!?
超～長一條
看不見盡頭
全部的人都必須跟典獄長拿調職令，因此必須排隊。
這樣是要等多久…!?
好慘～
最末尾
典獄長的行程在這個時期也是分秒必爭，應該是全年最忙的時候～

典獄長的服裝

監獄典獄長跟一般監獄官最明顯的差異，
我們通常都要穿制服?
就是「沒穿制服」。
咦，所以是穿便服工作嗎？
這種的
沒錯，大致上是西裝啦。
我一路看下來，只看過一到兩位典獄長會穿制服。
幾乎沒有
為什麼典獄長不穿制服呢？
典獄長比起內部工作，對外工作更多。
協商
會議
諸如此類
穿著制服在外走動，會太顯眼。
也是，穿西裝確實比較低調。
典獄長有每天巡邏一次監獄的義務。
這時候也是穿著西裝執行。
啊！這樣受刑人也不會發現，所以典獄長就能觀察到大家平常的樣子！
非也，其實呢…
典獄長一出現，監獄官就會一擁而上開始報告，所以一下就會被發現～
報告
向您報告
哎唷喂～！
那傢伙就是典獄長喔……

被詛咒的典獄長

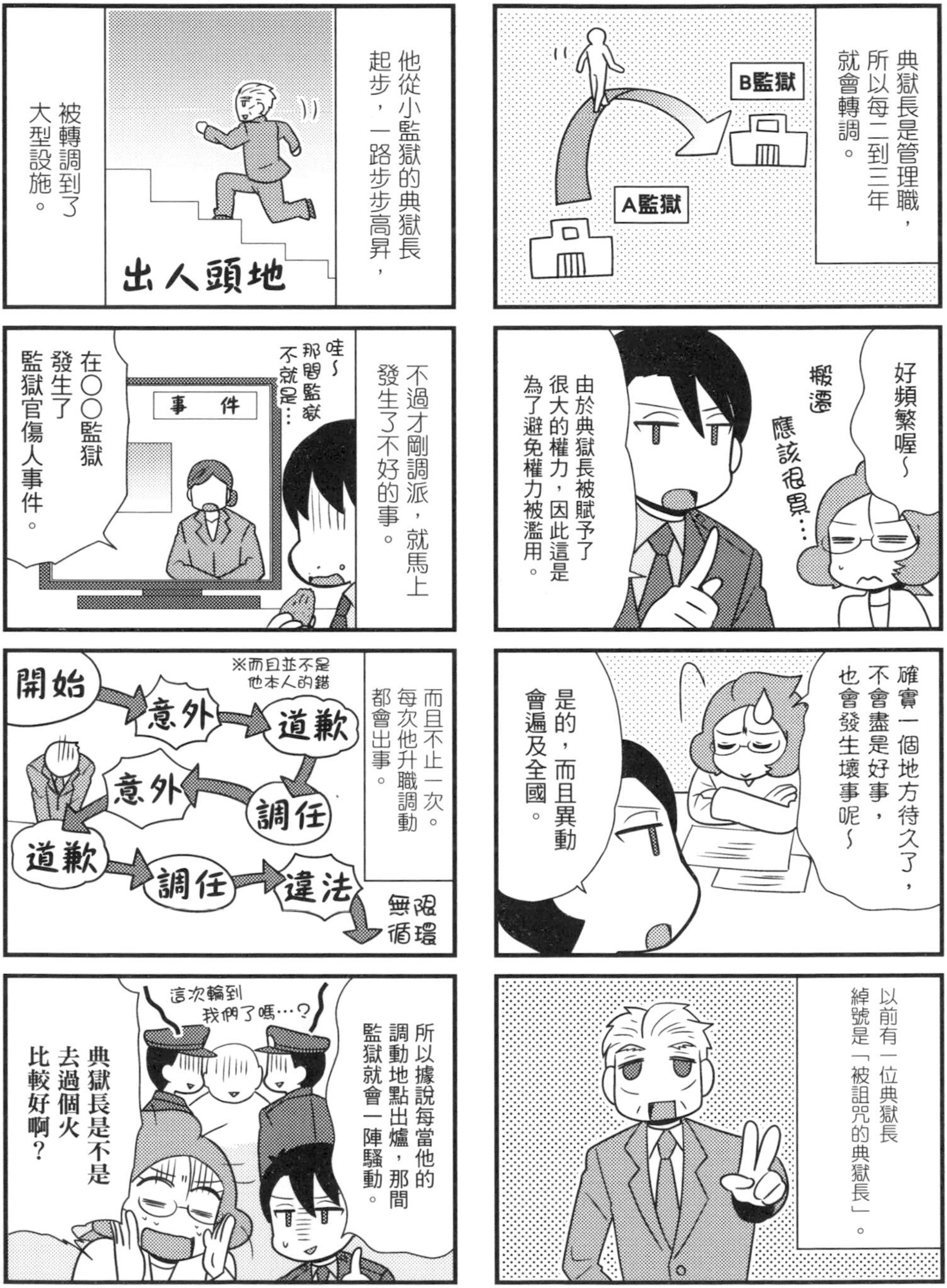
典獄長是管理職，所以每二到三年就會轉調。
B監獄
A監獄
好頻繁喔～
搬遷應該很累…
由於典獄長被賦予了很大的權力，因此這是為了避免權力被濫用。
確實一個地方待久了，不會盡是好事，也會發生壞事呢～
是的，而且異動會遍及全國。
以前有一位典獄長綽號是「被詛咒的典獄長」。
他從小監獄的典獄長起步，一路步步高昇，
出人頭地
被轉調到了大型設施。
不過才剛調派，就馬上發生了不好的事。
哇～那間監獄不就是…
事件
在〇〇監獄發生了監獄官傷人事件。
而且不止一次。每次他升職調動都會出事。
※而且並不是他本人的錯
開始
意外
道歉
調任
意外
道歉
調任
違法
無限循環
所以據說每當他的調動地點出爐，那間監獄就會一陣騷動。
這次輪到我們了嗎…？
典獄長是不是去過個火比較好啊？

典獄長的話就是聖旨

在監獄裡，典獄長的吩咐就是聖旨！
典獄長
耀眼
在某間監獄，
典獄長您這邊請。
有位初來乍到的典獄長被帶進典獄長室。
這時典獄長突然碎唸…
哦哦，那個地毯邊邊，是不是髒了？
呃…！
你看，那個角落啦。
超～小一塊
接著監獄官們馬上就安排了地毯廠商。
喂喂！把地毯廠商叫來！
要快！
欸!?但是這一期的預算已經！
採購課
典獄長的命令啦～！
哪管得了那麼多！馬上把它換成新的！
忘記說，那張地毯其實幾個月前才剛換過…
閃亮
閃亮
閃亮
呼…
典獄長的一句話，就能掀起滔天巨浪耶。
得再重新分配預算
負責預算的採購課同仁，總是一邊哭一邊重新分配預算…

自由自在的典獄長

這是我以前工作的監獄，在典獄長
快退休時發生的事。
當時離典獄長退休只剩幾個月，
喂！
這是什麼情況！
總務部長暴跳如雷地發了脾氣。
剛剛典獄長竟然用手機在拍所內的照片！
喀嚓
喀嚓
所內嚴禁攜帶手機吧！
入內時手機一定得放進置物櫃
您這樣子糾正了典獄長嗎？
懼怕不已
咿
欠打！哪能對典獄長說這種話啊！
要是高層知道這件事就糟了——千萬不要被發現…！
祈禱
確……確實如此呢。
我不想被懲處！
竟然連這種事都不能違抗典獄長啊…
其後來到典獄長退休那天，一切風平浪靜（？）
累
心
哎呀～謝謝大家的照顧喔～
對了，這是我自己拍的監獄DVD，送給大家當禮物。
○○監獄
紀念DVD
!!?
因為那張DVD，違規拍攝終究東窗事發，被高層嚴厲警告了一番……
拚命幫忙掩飾的努力全都前功盡棄…

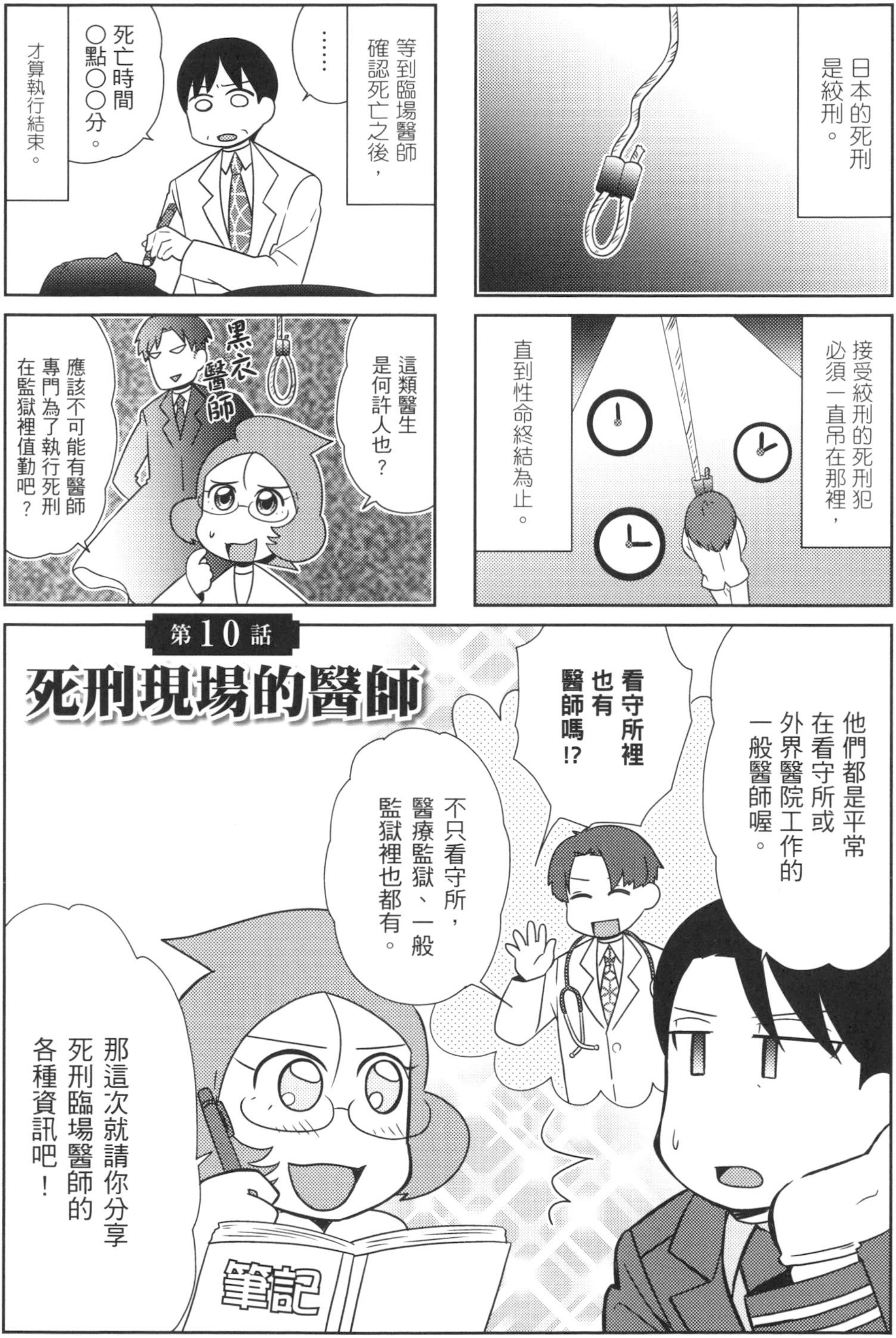
日本的死刑是絞刑。
接受絞刑的死刑犯必須一直吊在那裡，
直到性命終結為止。
等到臨場醫師確認死亡之後，
……
死亡時間○點○○分。
才算執行結束。
這類醫生是何許人也？
黑衣醫師
應該不可能有醫師專門為了執行死刑在監獄裡值勤吧？
第10話
死刑現場的醫師
他們都是平常在看守所或外界醫院工作的一般醫師喔。
看守所裡也有醫師嗎!?
不只看守所，醫療監獄、一般監獄裡也都有。
那這次就請你分享死刑臨場醫師的各種資訊吧！
筆記

外派與常駐

在看守所和監獄裡工作的醫生，大致上分成兩類。
○×大學
一種是從外面大學或醫院前來的外派醫師。
另一種則是人稱監獄醫官的常駐醫師。
監獄醫官？
監獄醫官既是醫師，又是公務員，會領國家薪水。
嗯？感冒？
好喔 我開藥給你
咳嗽
咳嗽
每天都會在看守所和監獄裡看診。
不過最近，監獄醫官的人數不太夠啊……
都是從大學醫院調人，才勉強能夠運作。
也有一些設施沒半位醫生……
為什麼沒人想當？怕危險嗎？
畢竟是看守所跟監獄……
因為監獄醫官的年收入只有大約一千萬日圓。
一千萬!?
這是最主要的原因。
唉～
啥──!!?
這樣明明就很多啦!!
據說一般執業醫師的平均年收入是這個的三到四倍。
好少!?
徵人
咦！
明明是在危險的場所值勤，弄個不好還必須出席死刑，這點錢實在太少了吧…
由於人數實在不足，唯獨在監獄醫官身上，放寬了公務員的禁止兼職條款。
我去打工了～♡
雀躍
雀躍
雖然這樣應該還是不夠
如果每週末超過十九小時，就允許在大學醫院和一般醫院兼職工作。

醫院長這樣

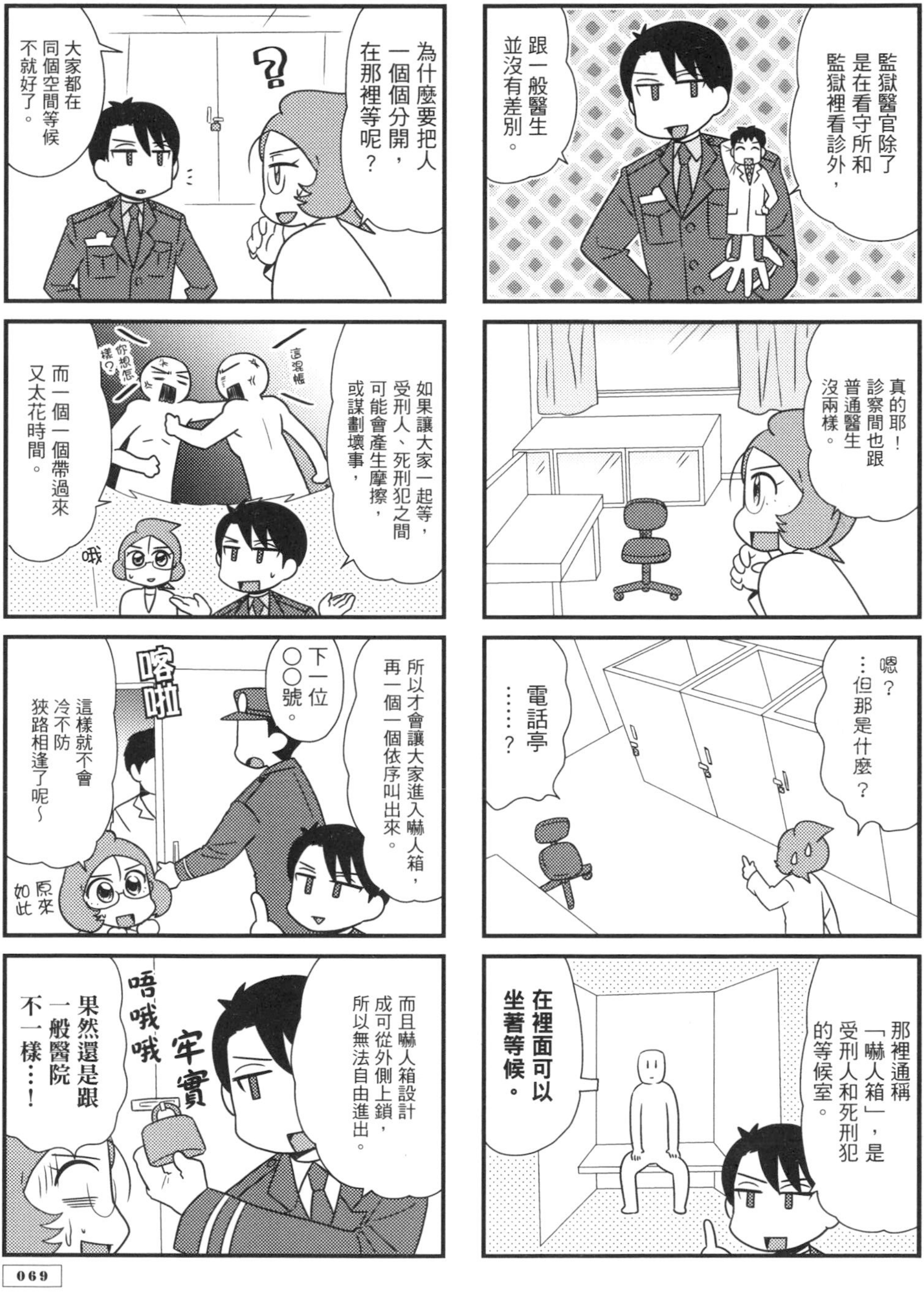
監獄醫官除了是在看守所和監獄裡看診外，
跟一般醫生並沒有差別。
真的耶！診察間也跟普通醫生沒兩樣。
嗯？…但那是什麼？
電話亭……？
那裡通稱「嚇人箱」，是受刑人和死刑犯的等候室。
在裡面可以坐著等候。
為什麼要把人一個個分開，在那裡等呢？
大家都在同個空間等候不就好了。
如果讓大家一起等，受刑人、死刑犯之間可能會產生摩擦，或謀劃壞事，
這混帳
你想怎樣？
而一個一個帶過來又太花時間。
哦
所以才會讓大家進入嚇人箱，再一個一個依序叫出來。
下一位○○號。
喀啦
這樣就不會冷不防狹路相逢了呢～
原來如此
而且嚇人箱設計成可從外側上鎖，所以無法自由進出。
牢實
唔哦哦
果然還是跟一般醫院不一樣…！

精神鑑定

在涉及死刑的審判中，經常會談論到
有無「行為能力」。
你之前說過，就是為了判斷這件事，才會做精神鑑定對吧？
嗯啊。
為什麼不讓監獄醫官來做這種鑑定呢？
因為監獄醫官再怎樣也只是監獄和看守所的醫生，
不可以涉入和影響判決走向有關的醫療行為。
不可加入主觀想法
所以才會拜託相對較客觀的第三方醫師來做精神鑑定。
原來如此。
而且也會讓犯人前往醫師那邊，以放鬆的狀態
好～放鬆
來接受鑑定。
透過第三方醫師的觀點長期執行，是有其意義的。
嘰～
好像很辛苦。
順便說一下，在刑罰確定，進入了看守所和監獄後，
IQ測驗、心理測驗etc…）
馬上就會由監獄醫官來做健康檢查和精神診斷。
如果診斷結果有自傷傾向，就會安排單人房，
獨居 or 共居
並會當成能否融入群體生活的判斷參考。
互場作業
行 or 不行
群體生活有困難

為死刑犯看診

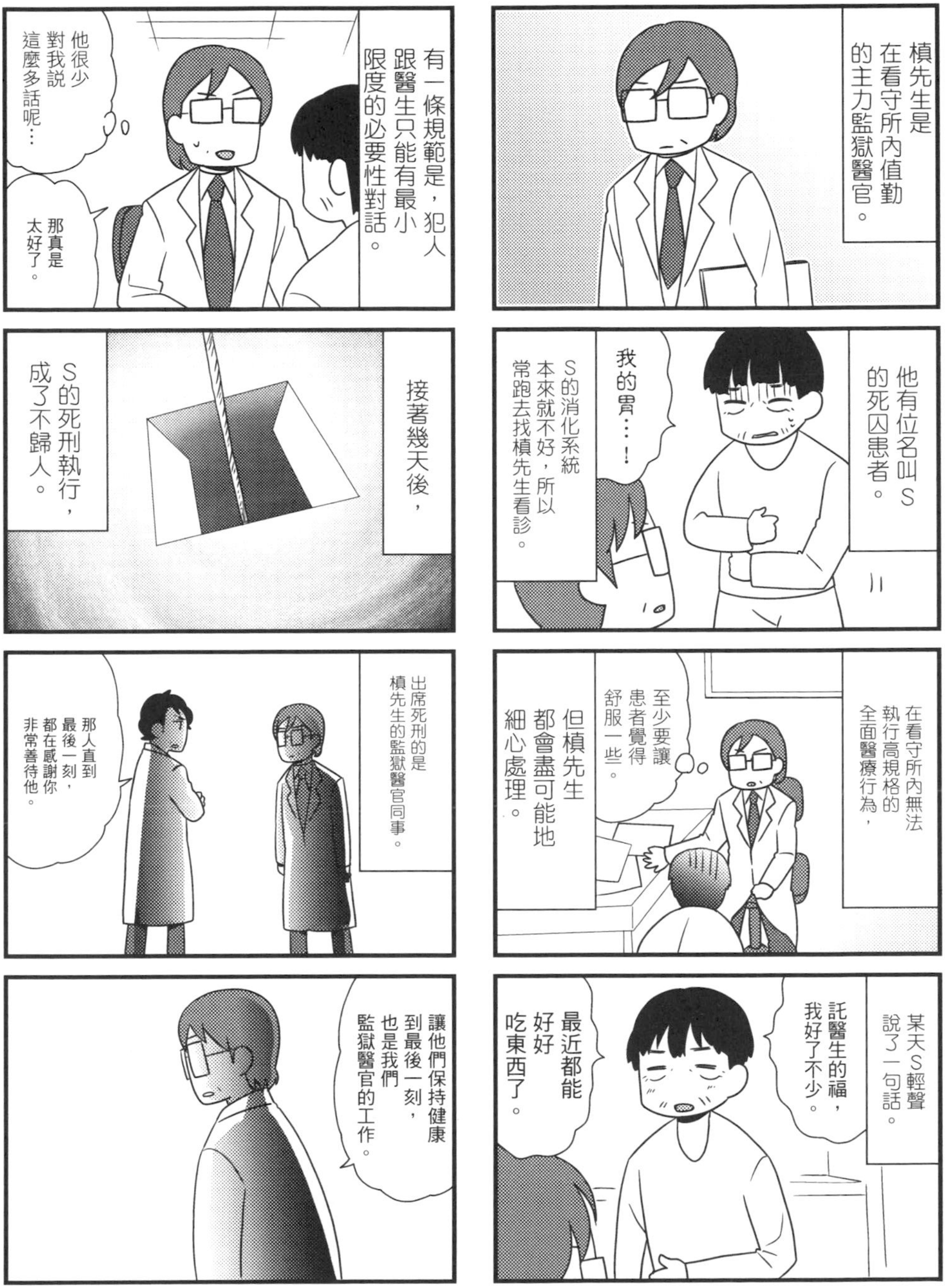
槙先生是在看守所內值勤的主力監獄醫官。
他有位名叫S的死囚患者。
S的消化系統本來就不好，所以常跑去找槙先生看診。
我的胃…！
在看守所內無法執行高規格的全面醫療行為，
至少要讓患者覺得舒服一些。
但槙先生都會盡可能地細心處理。
某天S輕聲說了一句話。
託醫生的福，我好了不少。
最近都能好好吃東西了。
有一條規範是，犯人跟醫生只能有最小限度的必要性對話。
他很少對我說這麼多話呢…
那真是太好了。
接著幾天後，
S的死刑執行，成了不歸人。
出席死刑的是槙先生的監獄醫官同事。
那人直到最後一刻，都在感謝你非常善待他。
讓他們保持健康到最後一刻，也是我們監獄醫官的工作。

監獄官和醫師會出席死刑，
此外還有一些很重要的參與者。妳知道是誰嗎？
檢察官，不就是求處死刑的人嗎？
檢察官自己求處死刑，連執行過程都要參與？
其他……？我想不到耶～
唔嗯…
其實檢察官也會到場。
沒錯，要一路見證到最後一刻才行。
對了，檢察官跟警察官，應該不一樣吧？
第11話
死刑現場的檢察官
當然不一樣！……是說，妳該不會一直到現在都沒搞清楚吧？
呃——因為我就分不太出來嘛。
名字也有點像……
欸…真的假的…那這次我就來聊聊出席死刑的檢察官有什麼任務……
那就麻煩你了！

檢察官與警察官

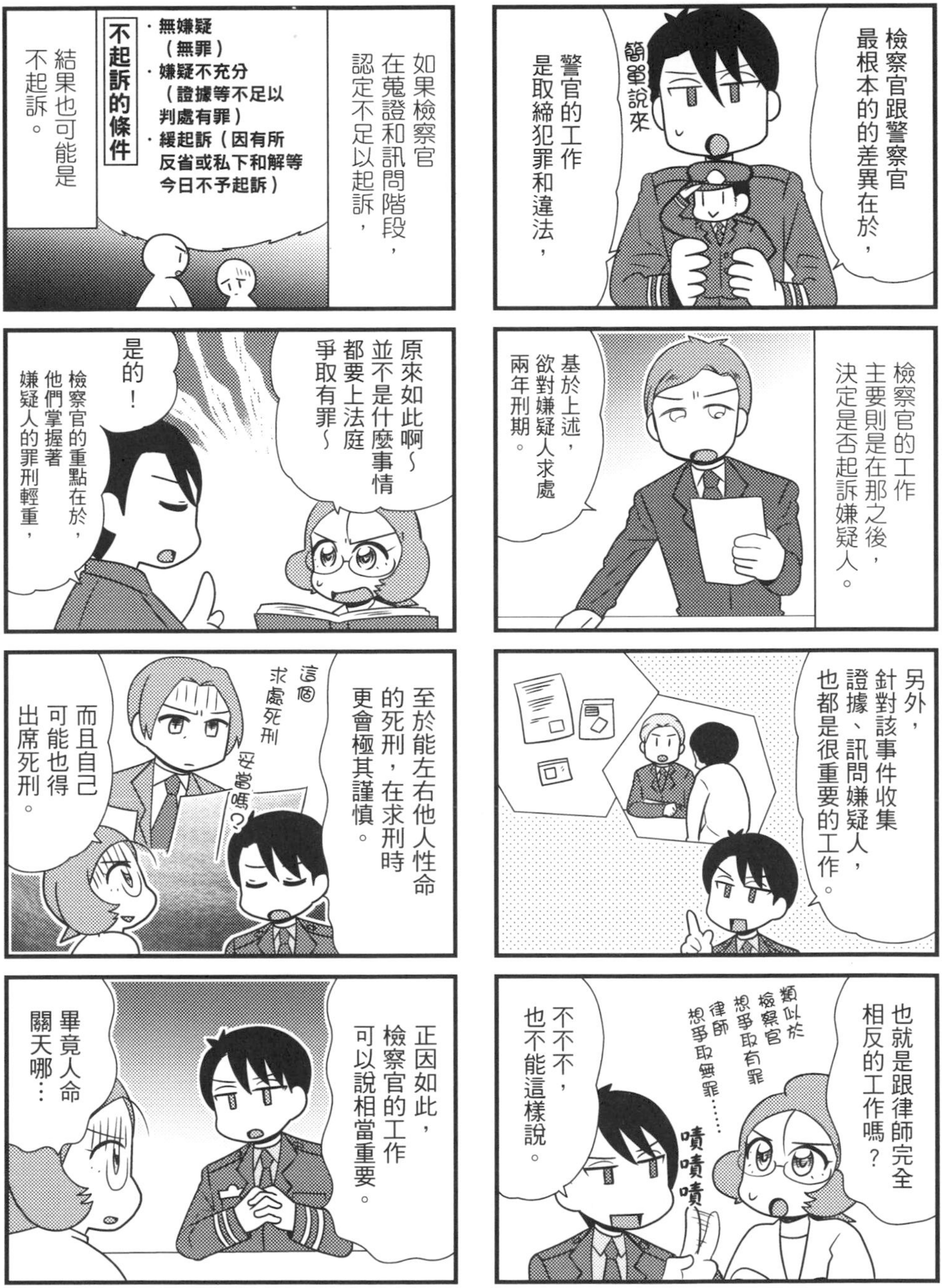
檢察官跟警察官最根本的的差異在於，
簡單說來
警官的工作是取締犯罪和違法，
檢察官的工作主要則是在那之後，決定是否起訴嫌疑人。
基於上述，欲對嫌疑人求處兩年刑期。
另外，針對該事件收集證據、訊問嫌疑人，也都是很重要的工作。
也就是跟律師完全相反的工作嗎？
類似於檢察官想爭取有罪律師想爭取無罪……
嘖嘖嘖
不不不，也不能這樣說。
如果檢察官在蒐證和訊問階段，認定不足以起訴，
不起訴的條件
・無嫌疑（無罪）
・嫌疑不充分（證據等不足以判處有罪）
・緩起訴（因有所反省或私下和解等今日不予起訴）
結果也可能是不起訴。
原來如此啊～並不是什麼事情都要上法庭爭取有罪～
是的！
檢察官的重點在於，他們掌握著嫌疑人的罪刑輕重，
至於能左右他人性命的死刑，在求刑時更會極其謹慎。
這個求處死刑
妥當嗎？
而且自己可能也得出席死刑。
正因如此，檢察官的工作可以說相當重要。
畢竟人命關天哪…

求刑的內容？

是說的場，檢察官是怎麼決定求刑內容的呢？
六法全書
六法全
大致上會在刑法的範疇內，將過往的判例當成判斷基準。
這是什麼意思？
首先，在刑法之中，針對各種犯罪訂有刑期。
以刑法為例
殺人罪
死刑或無期徒刑
或5年以上刑期
檢察官必須在這個範圍內求刑。
而像竊盜則是──
處以
10年以下徒刑
或
50萬元以下罰金
是這樣呀
所以如果是單純的竊盜案就不能判死。
另外也要參照以前發生過的相同案例，
刑法
判例
來決定求刑內容。
此外在審判之中，實際判下的刑期通常會比求刑還輕。
感覺最後會判5年左右，
所以應該求處8年左右囉…
判例集
大多檢察官都會將這點納入考量，傾向強硬求刑。
而除此之外，近年也開始會考量民眾感受和對社會的影響程度。
刑法
判例
社會
無期徒刑→死刑
所以像造成社會動盪的重大事件等，也可能會被求處比過去更重的刑責。
決定的方式相當複雜耶──

平時的工作

檢察官的其中一項工作，就是訊問嫌疑人。
問清楚事件的來龍去脈
嫌疑人大致上都會以未判決者的身分，被關押在監獄裡頭。
要在哪裡訊問呢？監獄中？
不，在監獄有可能會無法公平公正地訊問，而且檢方跟監獄的管轄單位並不相同，
因此按規定訊問一定要在檢察廳的建築物內進行。
換言之，也就必須把未判決者帶過去。
咦，還要特地帶過去嗎!?
監獄
檢察廳
不會來接喔!?
沒錯！就像一般移送，會坐上小型巴士之類，由兩名以上的監獄官隨行。
而且每次移送，都必須準備明示目的地和路線的「移送指揮書」等文件。
除了訊問之外，等到審判開始時當然也必須從監獄帶去出庭。
被文件追著跑⋯
檢方在這階段也會逐次製作「出庭申請書」等。
每次訊問、每次出庭都要反覆移動跟製作文件⋯⋯
累斃了
獄方跟檢方兩邊都超辛苦的～

不可思議的路線

檢察官在攜帶文件時，
會使用一種特別的東西。
哦～是什麼？
就是這個！
包袱巾！
哇，把文件放在包袱巾裡面…
老派～
但是，為什麼要放成這樣攜帶呀？
全部統整在一塊，就不容易搞丟文件了
而且還超顯眼的呢～
另外，檢方似乎有重視傳統的習俗。
甚至連在文件上簽名時都會使用毛筆喔。
哇啊～就像新年揮毫一樣！
這樣做有什麼特別的意義嗎？
検察官 山田太郎
基本上應該是想避免文件被複製，
但要一份一份用毛筆簽名，實在是很辛苦…
如果監獄官也必須使用毛筆，你可能就得去上書法課了呢～
嘻嘻嘻
說得沒錯！——喂！
沒禮貌！

見證死刑

不限於求處死刑的檢察官，
有時檢察事務官也會出席死刑。
我知道檢察官，但檢察事務官又是？
事務 官
簡單說就是檢察官的左右手。
檢察官在參與死刑之後，必須製作名為
「死刑執行始末書」的報告書。
死刑執行始末書
不過現實狀況是，許多檢察官也跟監獄官一樣，
絕對拒絕！
不願意出席死刑。
這時就會指定自己下面的事務官，派他們去參加死刑。
你去吧。
欸～！
代理人!?
這樣真的OK嗎!?
由於在法律上無論哪方出席都可以，因此基本上沒問題。
心情是另一回事……
是這樣子呀……
不過選擇拒絕的事務官同樣也在增加，
有關出席死刑的問題似乎也越來越嚴重。
有傳聞說他們乾脆會在年度的一開始，抽籤決定出席死刑的順序。
這種籤還真不想抽中……

到場觀刑的沉重感

雖然都說「出席死刑」，
不過其實直到二〇〇七年為止，都是隔著簾幕參與的。
完全看不到情形
此外出席死刑的檢察官，在死刑執行完畢後，還有重要的工作得做。
其實
咦!?是什麼？
原來是不會親眼「看到」的出席呀！
嗯嗯～雖然聽得到聲音，但除了執行的聲響之外，是沒辦法看到情況的。
在死刑結束後，必須前往放置遺體的刑場地下室，
跟醫師一同確認死囚已經死亡。
不過在二〇〇七年，卻改成撤下簾幕，
變成能夠完全看見的狀態了。
咦!?
雖然說是為了製作死刑報告書，
但這無疑會造成精神上相當大的壓力。
也有人精神狀況因此變差……
這樣做的目的，似乎是為了讓他們確實「看見」死刑的實況，
感受到死刑判決背後的重大責任。
從判處死刑，直到見證死亡……
檢察官真的很辛苦耶……

在監獄，以及死囚居住的看守所，
收容人有自由參加日常「宗教活動」的權利。
宗教活動，具體而言是指什麼事情呢？
像是祈禱、誦經，
帶相關用具進來也OK
或者跟教誨師面談，試圖面對自己所犯下的罪過。
我所殺掉的那個人……
教誨師是什麼呀？
教誨師就是在監獄、看守所內進行宗教活動的宗教人士。
牧師或僧侶之類
有些國家的教誨師需要經過登記，他們主要負責照護眾受刑人的心靈。
第12話
教誨師
包括基督教、佛教等形形色色的宗教人士，都是經過登記的教誨師。
這次我也請了一位教誨師過來喔。
我是擔任教誨師的僧侶，名叫谷戶。
真不愧是的場，想得真周到！
反正妳一定有很多事想問吧
筆記

何謂教誨師？

話說回來，「教誨」具體是指什麼呢？
？
教誨分成「一般教誨」和「宗教教誨」。
這兩種教誨中，我們會做的是「宗教教誨」。
一般教誨是指為受刑人上課，教導一般教養、道德等。
酒精
藥物
主要是由我們監獄官來執行。
宗教教誨則是按照受刑人、死囚等人的意願，
這就是我們宗教人士的工作。
佛教
從宗教觀點出發的心靈照護。
有時會聆聽個人的煩惱，或者講佛法，甚至祈禱等等。
可多人數
耶穌就是
也可一對一
每個月會做這類教誨一到兩次，每次約一小時。
嗯～
聆聽死刑犯的煩惱，感覺好沉重…
當然有時也會談到「死亡」的沉重話題，但大家都意外淡然呢。
和氣融融♡
這塊仙貝真好吃耶！
那真是太好了
有時還會一邊吃零食一邊聊。
咦!?可以吃零食喔!?
噴！
比起一般受刑人，死刑犯獲准擁有的物品相當多，所以ＯＫ。
如果不放寬到這個程度，搞不好會無法面對正在逼近的死亡哦……
仙貝好好吃喔……
凝重
凝重
是因為活著才好吃的吧……
果然還是很沉重～！

如何成為教誨師？

「教誨師」應該不是任何人想當就當得成的吧？
有沒有考試之類的？
日本目前大約有一千八百名教誨師。
佛教 1,109人
基督教 264人
神道教 222人
其他
幾乎都是佛教相關人士。
確實如此。得符合某些條件才能當。
①須為宗教人士（僧侶、牧師、神官等）
②受到宗教教誨委員會、教誨師會的推薦。
必須符合這兩個條件。
如果真的很想成為教誨師，佛教或許是個好選項，
僧多粥少
門路真的很重要
不過由於很少出現空缺，因此還是有難度。
①就算了，②要怎樣才能受到推薦呢？
好像很麻煩
開門見山
主要是看經歷和門路。
雖說如此，現在由於女子監獄、女死囚也比以往多，女教誨師需求大增，
如果是女性的話，搞不好比較容易喔。
是…是這樣的喔？
說得如此乾脆…
沒有門路就幾乎沒辦法…
我自己也是因為寺廟裡上一代的傳承，才當上教誨師的呢。
原來如此～
賊笑
一之瀨，妳根本就連宗教人士都不是吧……
所以當不成啦

教誨師的報酬

在監獄和看守所聽人說話，應該很辛苦吧？
老子殺了三人
確實如此，並不輕鬆。
嘿嘿
您老實說，報酬是不是相當可觀呢!?
逼近
嗯～其實教誨師呢，
是完全沒有薪水的。
月圓
雖然妳可能會很失望
欸欸!?
呃……欸……不是國家雇用你們的嗎!?
不，我們完全都是志工。
在二戰前，教誨師曾經跟公務員擁有相同待遇，可以領到薪水，
監獄法
可隨著法律修改，就變成無給薪的志工了。
基本上，幾乎所有教誨師都是每月提供集體教誨跟指定個別教誨，
我自己也是這樣
其他時間則投入自己的寺院或教誨活動。
我甚至認識一個人，一邊當著上班族，一邊投入教誨師、僧侶的活動呢。
脫掉西裝穿袈裟
非常非常地忙碌…
一心不只二用，還能三用!?
驚嚇
為什麼即使做到這種程度也想當教誨師呢？
我一定無法…
畢竟這也是修行的一環。
太佩服了…！

絕對保密義務

假設在一對一教誨期間……
資料上寫到，他對兩名女性犯下強暴殺人……
死刑犯突然……
老師……我啊……大家都以為我只殺了兩人，其實連另外兩個也是我殺的喔……
之後提到的那兩個，被我埋在○○公園的樹林裡面了……
嘿嘿嘿
兩人的內衣都是黑色的……
講到只有他本人才知道的事實。
那一定要告訴警察或獄方才行!!
哆嗦
一之瀨，
妳等等。教誨師必須嚴守保密義務，所以沒辦法。
呃!?
沒……沒錯。
教誨師在教誨期間的所見所聞，都不可以對外洩漏。
就算是犯罪也不行……？為何……？
啊！因為說不定對方在說謊？
非也。
正因為我們無論聽到什麼情報都不會對外洩漏。
放鬆
可以相信這傢伙！
受刑人才會對我們敞開心胸。
對外洩漏情報，就等同於背叛了他們。
對誰都不能說
沒錯，這就是最重要的保密義務喔。

參與死刑①

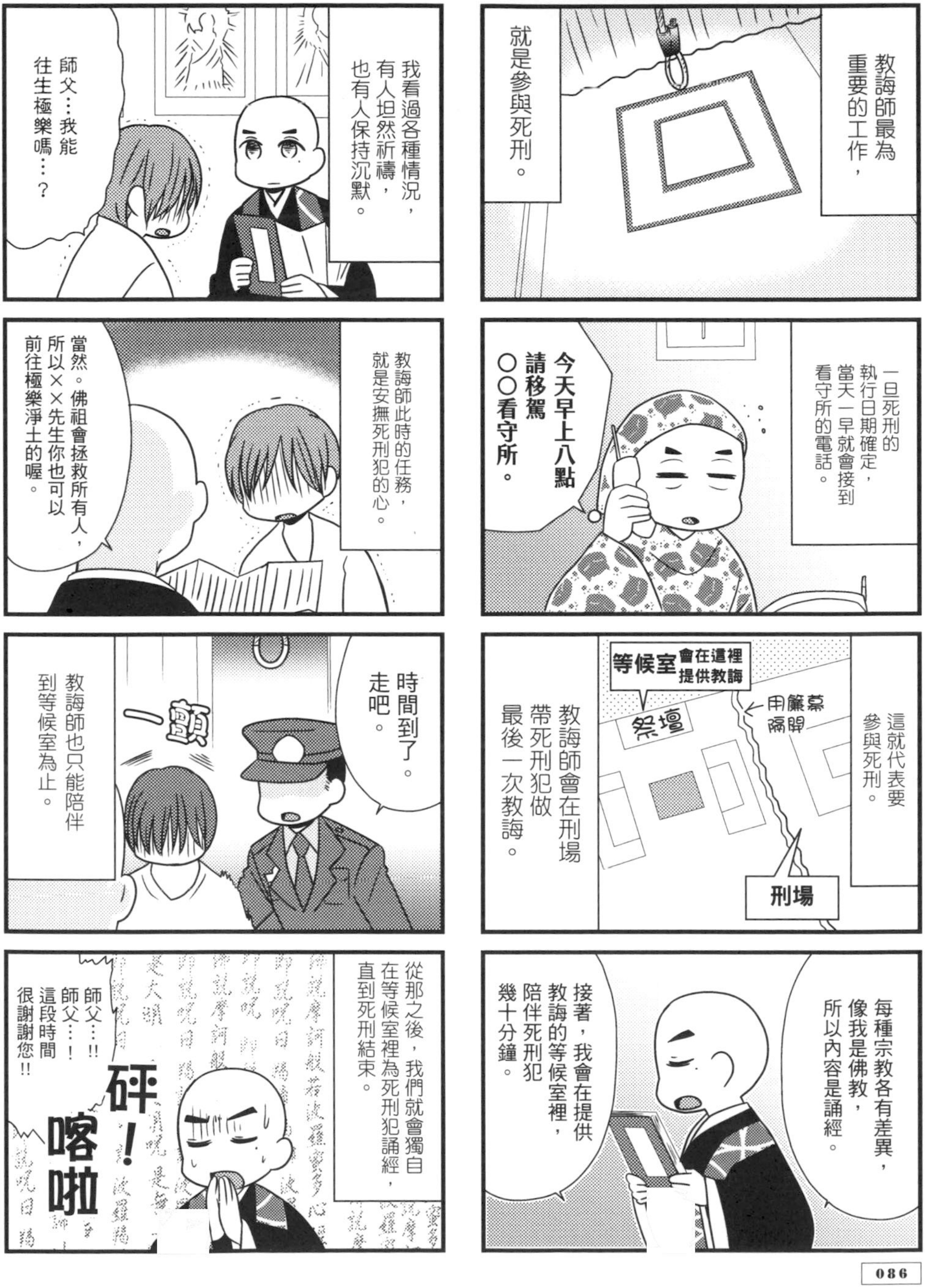

教誨師最為重要的工作，
就是參與死刑。
一旦死刑的執行日期確定，當天一早就會接到看守所的電話。
今天早上八點請移駕○○看守所。
這就代表要參與死刑。
教誨師會在刑場帶死刑犯做最後一次教誨。
等候室 會在這裡提供教誨
祭壇
用簾幕隔開
刑場
每種宗教各有差異，像我是佛教，所以內容是誦經。
接著，我會在提供教誨的等候室裡，陪伴死刑犯幾十分鐘。
我看過各種情況，有人坦然祈禱，也有人保持沉默。
師父…我能往生極樂嗎…？
教誨師此時的任務，就是安撫死刑犯的心。
當然。佛祖會拯救所有人，所以××先生你也可以前往極樂淨土的喔。
時間到了。走吧。
一顫
教誨師也只能陪伴到等候室為止。
從那之後，我們就會獨自在等候室裡為死刑犯誦經，直到死刑結束。
師父…!! 師父…! 這段時間很謝謝您!!
砰！
喀啦

參與死刑②

原來教誨師也要參與死刑啊。
慘烈……
這是最重要的任務，也是最可怕的任務。還有人因為這樣而不當教誨師了…
情況其實已經比二戰前好了許多。
戰前，教誨師不會止步於等候室，而是必須理所當然地一路陪伴到死刑台為止。
據說眼睜睜看著死囚的脖子被套上繩索、向下落去，令人相當痛苦。
腦中影像
揮之不去……
好猛的經歷呢……
不僅如此，由於真正的目的是「教誨」，
因此在死囚的脖子套上繩索後，還是得持續誦經。
等到死刑犯落下，一直到確認死亡為止，
必須持續超過三十分鐘不能停止。
我上一輩的教誨師，參加過這種形式的死刑。
據說體感時間漫長得可怕……
為了盡量不要聽見脖子折斷的聲音、死刑犯的慘叫聲，
啪吱啪吱啪吱
咿呀啊啊啊啊
只能用極大的聲音持續誦經。
等到死刑結束時，整個喉嚨都會啞掉……
咳…咳咳…
咳咳
一路看到最後，也太驚人……

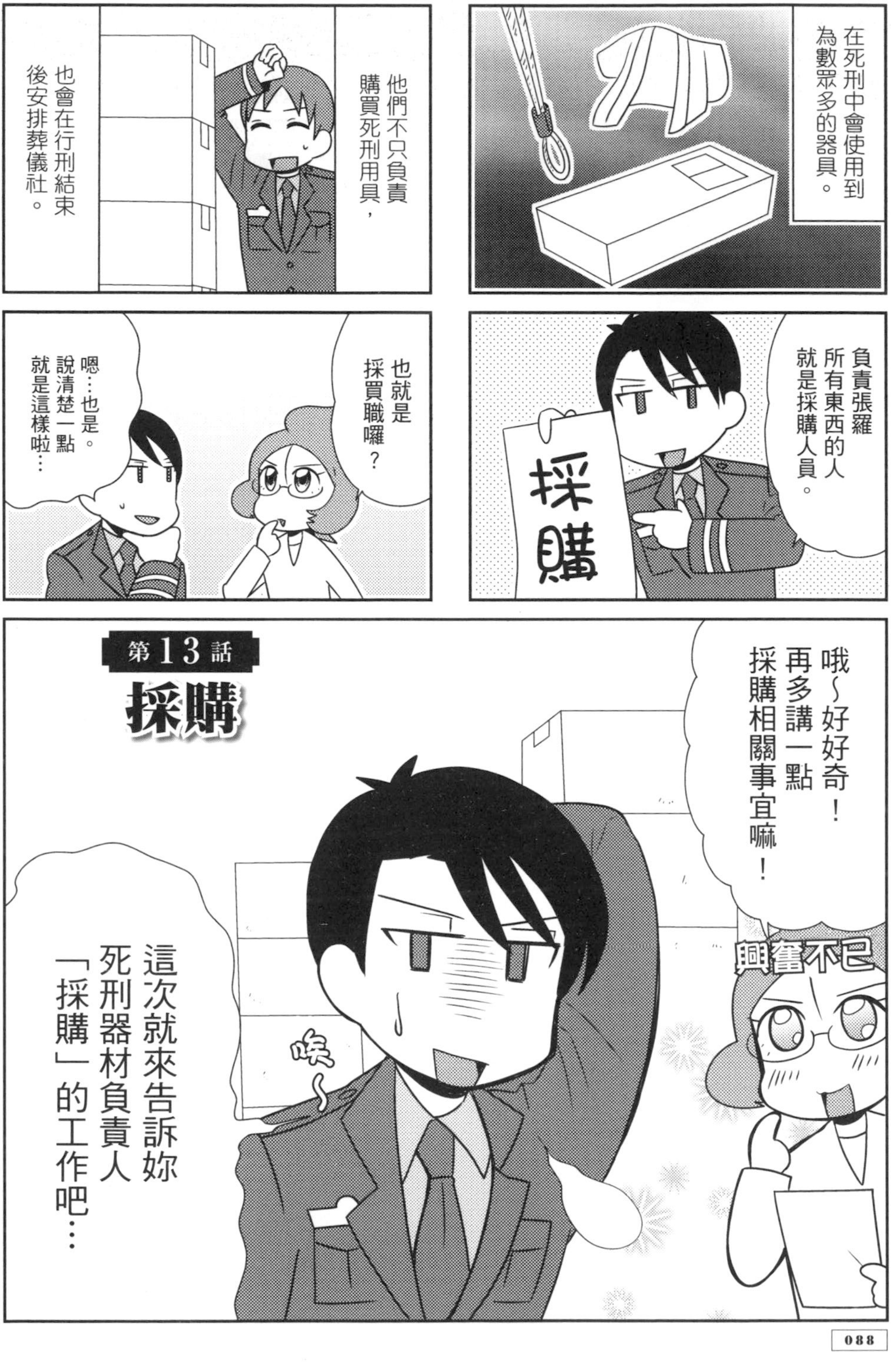
在死刑中會使用到為數眾多的器具。
他們不只負責購買死刑用具，
也會在行刑結束後安排葬儀社。
負責張羅所有東西的人就是採購人員。
採購
也就是採買職囉？
嗯…也是。說清楚一點就是這樣啦…
第13話
採購
哦～好好奇！再多講一點採購相關事宜嘛！
興奮不已
這次就來告訴妳死刑器材負責人「採購」的工作吧…
唉～

使用預算

採購執掌著預算，會負責籌措
監獄的所有物品，並管理收支情形。
預算主要分兩種，會規劃這些內容。
廳費
跟監獄官、監獄相關的預算
收容費
跟受刑人相關的預算
喔—
不過，其實還有一種「特殊情況預算」。
在年度即將結束時，會以限定用途的形式分配剩餘的預算。
好棒喔
哇~
為什麼要限定用途呢？
國家和法務省想避免消化預算的
這間監獄再多投資
一些設備下去吧
國家
部門和設備產生偏頗，所以會予以調整。
用途上有哪些類型呢？
像是監獄的防範用途、冷暖氣之類，類型很多。
近期竟然追加了高達三百萬的安全防範預算……
嗚哇~
呃!?
而且還絕對只能花在這個用途上……
看來只能買監視器買到預算用完為止了……
一~整排
真希望能更自由地運用預算哪——
也太多了

招標

採購人員在使用預算時，要怎麼辦理呢？
請開收據！
應該不會像一般公司那樣用現金買東西，然後報帳吧？
買東西要透過「招標」來進行。
招標？
招標
招標就是
在這種時候監獄會先發出公告
想買5台多功能事務機
監獄
欲買5台多功能事務機！
徵求～
哦～
喔喔～
這樣一來，看到資訊的業者就會製作報價單。
等監獄收齊了各家的報價單，就會拿來比較，
A公司
B公司
C公司
250萬
300萬
230萬
就決定是你了！
向開價最便宜的業者購買。

當然，業者之間並不知道競爭者會提多少金額，
反覆思考
賣太便宜的話，賺不到利潤。
話說回來，價格要是太貴又拿不到合約。
冥思苦想
因此就會彼此展開心理戰。
真是為難啊～
所有物品都必須招標嗎？
我有疑問！
有一定金額的全部都要。
高價品項之類
包括辦公室事務機、受刑人的餐費、設備修繕費等，層面很廣。
採購必須一項一項確認並處理喔。
所以在年度將盡的時候，採購都會埋在成堆的報價單裡工作……
沙沙沙
呃啊
報價單發生雪崩了……！
咿！

重新招標

監獄購買的物品，會舉辦招標，
第二次招標
但讓採購最恐懼的其實是「重新招標」。
那是什麼？
舉例
監獄要招標時總是會先設定一個底價金額。
就想買得比這個價格還便宜
假設影印機一台60萬…
不過等到招標結束，一看才發現，
C公司
85萬
A公司
70萬
B公司
100萬
每家業者的開價都高於原本預想。
這樣一來，就必須再重新招標一次！
登
咦咦～!?
不斷重新來過，直到低於預設底價為止。
公告
影印機
5台
呃～好累!?
第一次公告會有一個月的等標期，
公告
一個月
再公告
兩週
再公告
兩週
但如果流標，從第二次公告開始，等標期都會縮短成兩週。
而且底價金額嚴禁對外洩漏，
明明只要有一間廠商低於六十萬就行了…
生無可戀
A公司
65萬
B公司
86萬
因此有時會演變成不斷重新招標的局面。
期限漸漸逼近，廠商的金額卻不符合需求…
沉重
期限
拜託猜中我們想要的底價…！
昂貴
哇啊啊
所以才說重新招標，是採購人員最大的惡夢。

葬儀社

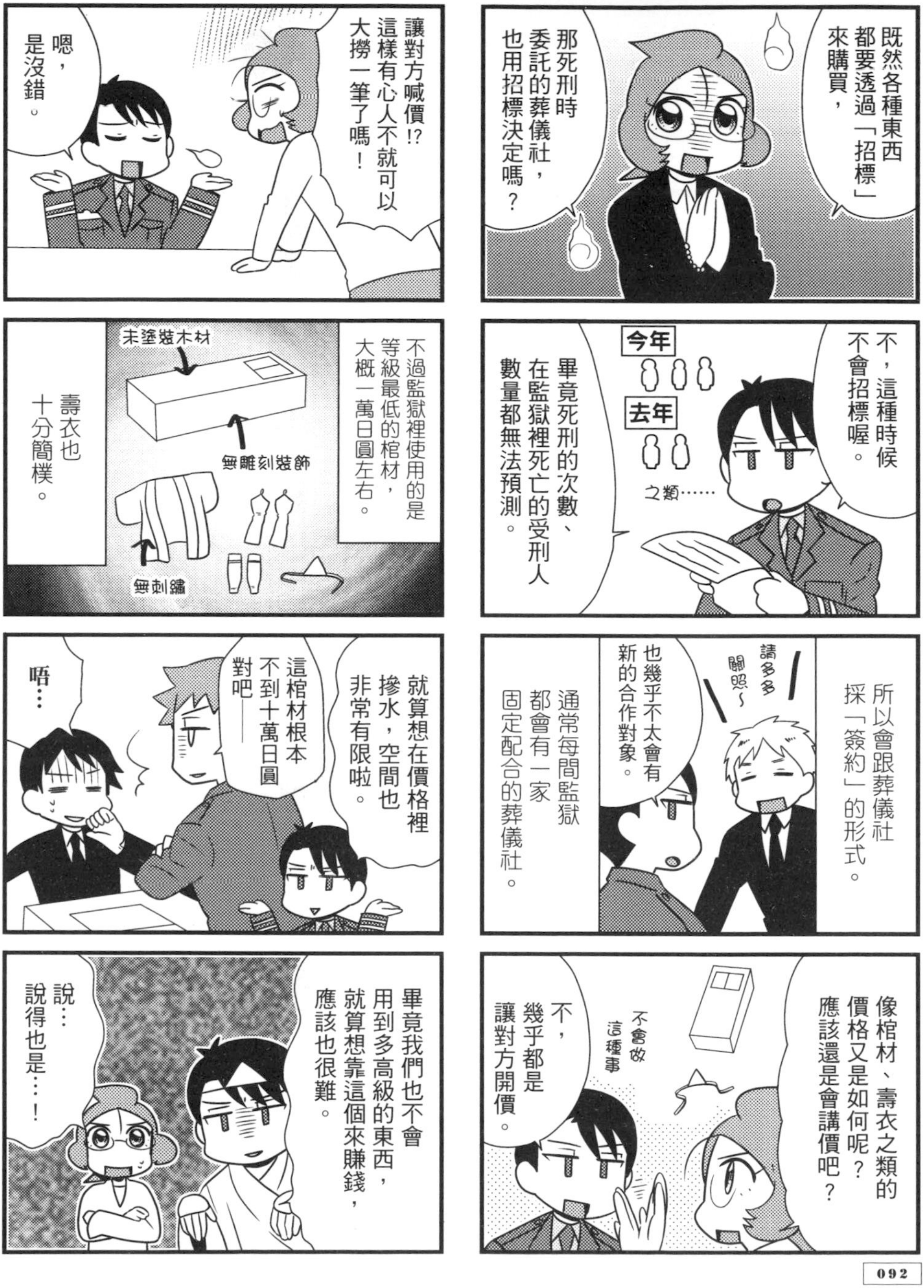
既然各種東西都要透過「招標」來購買，
那死刑時委託的葬儀社，也用招標決定嗎？
不，這種時候不會招標喔。
今年
去年
之類……
畢竟死刑的次數、在監獄裡死亡的受刑人數量都無法預測。
所以會跟葬儀社採「簽約」的形式。
請多多關照～
也幾乎不太會有新的合作對象。
通常每間監獄都會有一家固定配合的葬儀社。
像棺材、壽衣之類的價格又是如何呢？應該還是會講價吧？
不會做這種事
不，幾乎都是讓對方開價。
讓對方喊價!?這樣有心人不就可以大撈一筆了嗎！
嗯，是沒錯。
不過監獄裡使用的是等級最低的棺材，大概一萬日圓左右。
未塗裝木材
無雕刻裝飾
無刺繡
壽衣也十分簡樸。
就算想在價格裡摻水，空間也非常有限啦。
這棺材根本不到十萬日圓對吧——
唔…
畢竟我們也不會用到多高級的東西，就算想靠這個來賺錢，應該也很難。
說…說得也是…！

跟想像中不一樣!?

這是我以前當採購時碰到的事。
某天，曾替家裡人處理後事的葬儀社Ａ上門拜訪。
哦？
的場先生，希望您務必也跟我們公司簽約好嗎？
當時適逢原本合作的葬儀社合約到期，時機很剛好……
我覺得應該可以喔。
你來得真剛好
咦!!真的可以嗎！
於是監獄就爽快地跟那間葬儀社Ａ簽了約。
但是，過了一陣子……
砰磅！
的場先生，你們實在太過分了!?
!?
驚
你們監獄明明跟我們簽約了，卻總是只訂一具棺材！
嗚喔喔喔喔
為什麼不讓我們連喪事也一起辦嘛!?
呃……咦咦!?
認真問過才發現，原來對方誤以為
欸嘿嘿♡
連葬禮都一手包辦，這樣一定賺~♡
那我業績就會很好看了♡
受刑人死亡時會在監獄舉辦守夜和告別式。
他跑來抗議，為何不能讓他們負責最賺錢的葬禮環節。
其實很多人都常誤會
清潔
更衣
入棺
基本上監獄所會委託的就只有這三件事而已，葬禮則是由遺屬自行安排。
他不知道跟我們合作其實不包含最主要的葬禮，發現跟想像中完全不一樣，才會大失所望。
腳步沉重…
唉~
唉呀~

連採購本人都不知道

你說過採購人員會負責備齊死刑的器具，
嘿、咻
但真的會在當天才安排嗎？
不會事前就準備好嗎？
對，是當天！畢竟死刑的資訊只有高層知道。
就連出席死刑的監獄官也是當天才得知，採購自然更不可能事前知情。
也就是說，當天一定會手忙腳亂的…
啥!? 今天執行!?
死刑會在當日上午盡早執行完畢。
今天要執行喔！動作快——！
這是籌備表！
一宣布執行結束，就要同時聯絡葬儀社。
慌慌
葬儀社ＯＫ嗎!?
衣服尺寸L，身高一八〇公分，棺材應該很大…
已經聯絡遺屬了嗎？
張張
匆匆忙忙地籌措棺木、壽衣等。
如果有需要，也得安排火葬場，照顧死刑犯直到最後一刻。
之所以會這樣，是因為無人領回的受刑人和死刑犯數量意外很多。
當天才能知道，再怎麼說還是很辛苦啊…
會手忙腳亂的
不，其實有時從事前就隱隱約約有預感了…
不能說沒有…
因為有時必須購買刑場絞刑用的絞盤油，或必須更換電線之類的……
啊…
察覺
購買申請
咿！
得知的方式好可怕…！

看守所裡居住著
等候判決的
未判決者和死刑犯。
在那之中
每天都會發生
形形色色的事件。
等監獄官趕到，發現
牢房裡的未判決者
倒在一片
血泊之中。
有天，某地方
看守所裡的
緊急鈴響起了。
鈴鈴鈴鈴鈴
飛快
飛快
其實這名未判決者
一直主張清白，但
審判過程卻轉為不利，
與其被判刑，
我不如去死……！
於是開始自暴自棄，
企圖自殺。
他竟然自行
咬破了手腕。
噗滋
噗滋
順帶一提，
據說傷口深達
肌肉組織……
呃欸欸欸
這次就讓我來介紹
一些在看守所裡
發生過的事件！

第14話
在看守所裡發生的事件

悶出病來的死刑犯

死刑犯在死刑確定後，直到執行之前，
都會在看守所內過活。
恐懼著不知死刑何時會到來，
今天嗎？ 還是明天呢？
必須承受數年至數十年的折磨。
某天，死刑犯N的太太前來會面。
老公，太郎昨天在學校畫了一張畫回來喔…
次郎他畫了張畫是嗎！
哦哦
？
是你兒子太郎喔……？
沒錯！妳就是在說我兒子吾郎對吧？
太郎啦、太郎！你是怎麼了？
N有一個叫太郎的兒子，沒有其他小孩了。
竟然會有這種事!?
咦，那是他搞錯小孩的名字了嗎？
這被稱為「甘瑟氏症候群」（Ganser's Syndrome）。
例如會說
・1＋1＝3
・或在面對問題時答得似是而非
是在看守所長期生活所引發的一種壓力症狀。
據說只要遠離壓力這種病就能馬上痊癒……
打冷顫
也就是說，直到死刑時才能治好!?

復活!?

有時在死刑執行後也會有事發生。
在人過世之後嗎!?
一八七二年，犯下縱火罪的死囚S被處刑了。
遺族領回遺體，
並將棺材搬離刑場。
在前進大約一公里之後，棺材中傳出了謎樣的聲響…
啾嚕啾嚕…
咳!
唔…哦、哦…
嘔!
什…什麼聲音!?
咳咳!
咳咳!
開棺一確認，竟然發現
呼~
呼~
咿呀——!!!
死刑犯S起死回生了…!
親屬連忙跑回公所通報，
村公所
驚慌失措
不得了啦!
據說最後S的死刑被視為「成功」，其後他的戶籍也跟著重生了。
這就是執行死刑後復活的案例，
雖然現在已經不可能發生了
在日本僅有幾例而已。
順帶一提，要是S的遺體沒被領回，預計之後就會解剖。所以真是千鈞一髮啊……
咿
在兩種層面上都撿回一條命耶…

不動如山的死刑犯

在看守所內，既有會大鬧特鬧的人，
也有反過來完全不動的人。
收容於某看守所的死刑犯M，
在審判中發出巨聲
哇啊啊啊啊啊
狀態不太好，接受了精神鑑定。
但結果卻顯示他有行為能力，因而遭判死刑。
主文，將被告處以死刑。
就在那之後，M的樣態變得更奇怪了。
在看守所內，就算監獄官喊聲，
喂M，吃飯了。
…？
喂喂！
……
他也完全沒有反應。
那狀態簡直就像個玩偶。
喂，M！
呆滯——
你沒事吧!?
…！
…！
後來，他終於連排泄都無法靠意志控制，
呆滯
必須一直包著尿布。
這種狀態稱為「假死」，
是種自我保護的手段
被外敵侵襲的生物會偽裝成死亡的樣態，據說這個案例也是如此。
青蛙的假死反應
M在那之後接受了死刑，但據說直到最後都毫無掙扎，就這樣離開了世間。
這到底是佯病，還是真的生病，如今永遠成謎了…

大鬧特鬧的死刑犯

這是我以前工作的看守所裡發生的事。
看守所的牢房會全天候用監視器錄影。
所以如果發生異狀，隨時都能趕到。
奇怪？
某天有一名未判決者，坐上馬桶後就再也不動了。
靜—
是不是吃壞肚子了…？
早上本來還很有精神的，果然不太對勁！
我感覺狀況有異，跟同事一起前往牢房。
結果裡面傳出了驚人的怪臭！
唔、哇——
唔!?
砰
未判決者竟然在牢房裡光著身子，一邊大聲喊叫，
嘻～
嘻嘻
你在幹什麼！
一邊在牢房的牆上塗滿自己的大便。
抹來
抹去
他以驚人的蠻力掙扎，光壓制就費了一番工夫。
不要亂動！
哇
最後來了五、六個監獄官才終於把他給制服。
你這！
哇
在看守所裡長期生活，不少人都會在精神上產生異常……
壓力
是難以想像的壓力呀……

奇妙的巧合

看守所裡發生的事件，經常會有
「奇妙的巧合」。
4/20
幾十年前，O因為小口角殺害了熟識的女性，
因而被判刑，成為死刑犯。
一審遭判死刑後，他當天就上訴。
才不接受什麼死刑呢……！
其後還為了迴避死刑，不斷會見律師。
大律師，請一定要幫我避掉死刑。
一起加油吧！
然而某天…
啊！
O卻用自己的襪子自殺了。
沒留遺書，在自殺前的生活也跟平時沒有兩樣，
嗯!? 這個是…
但他死亡的那天，卻發生了「奇妙的巧合」。
O自殺的日子，竟然跟他殺害女性友人的日子，
死亡報告書
姓名 ○○
死亡日 4月20日
事件概要
4月20日
在路上用鐵管殺害女性友人
完全吻合。
想盡辦法逃避死刑的O，為何突然自殺了呢？真的是一片謎團……
該不會是「被帶走」的吧!?

素行不良很吃虧？

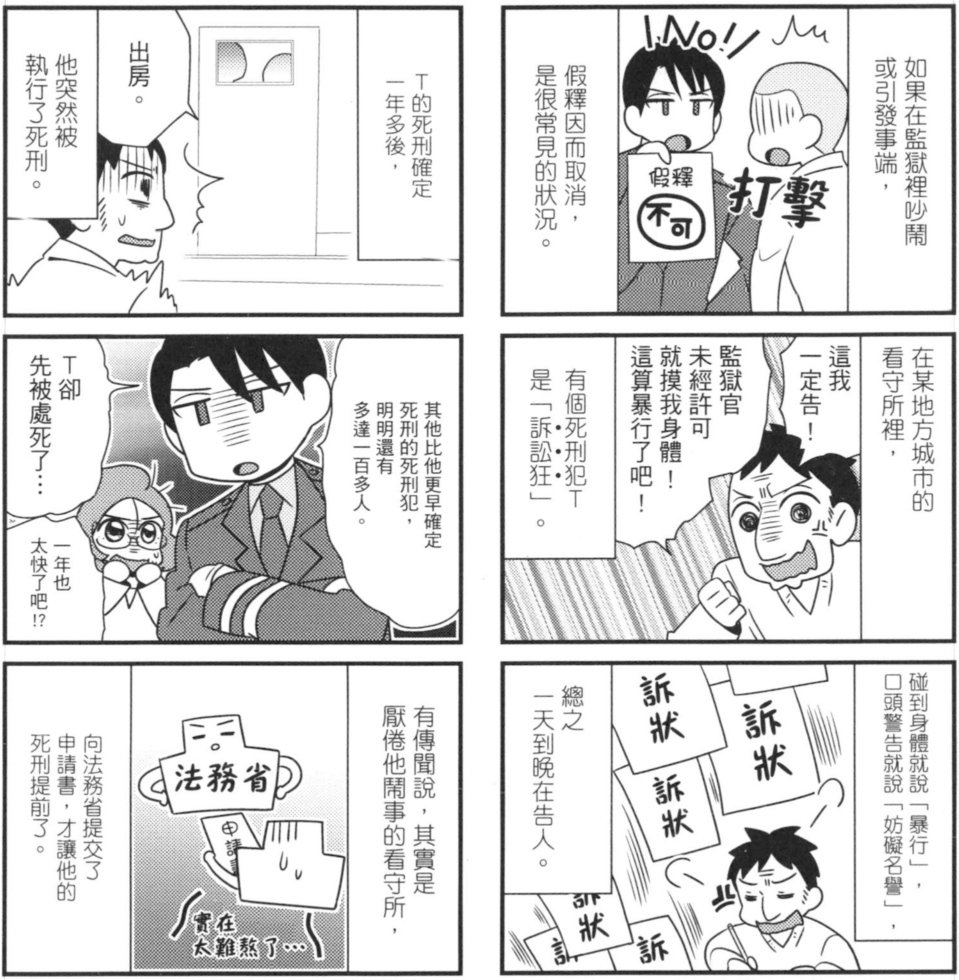
如果在監獄裡吵鬧或引發事端，
!No!!
打擊
假釋
不可
假釋因而取消，是很常見的狀況。
在某地方城市的看守所裡，
這我一定告！
監獄官未經許可就摸我身體！這算暴行了吧！
有個死刑犯T是「訴訟狂」。
碰到身體就說「暴行」，口頭警告就說「妨礙名譽」，
訴狀
訴狀
訴狀
訴狀
總之一天到晚在告人。
而且很容易失去理智，一有不順心的事，
鈴鈴鈴鈴鈴
啪吱
喀啦
鈴鈴鈴鈴
舉凡在牢房裡大鬧、破壞備用物品等，都是家常便飯。
T的死刑確定一年多後，
出房。
他突然被執行了死刑。
其他比他更早確定死刑的死刑犯，明明還有多達一百多人。
T卻先被處死了…
一年也太快了吧!?
有傳聞說，其實是厭倦他鬧事的看守所，
法務省
申請書
實在太難熬了…
向法務省提交了申請書，才讓他的死刑提前了。
嗯，但終究也只是傳聞啦。
哈哈
唔～
如果是這樣，確定判被死之後，可能還是乖一點比較好喔…!?

※日本政府於疫情期間喊出的口號，呼籲民眾「避免密集、避免密切、避免密閉」等接觸型態。

日本監獄的應對方式

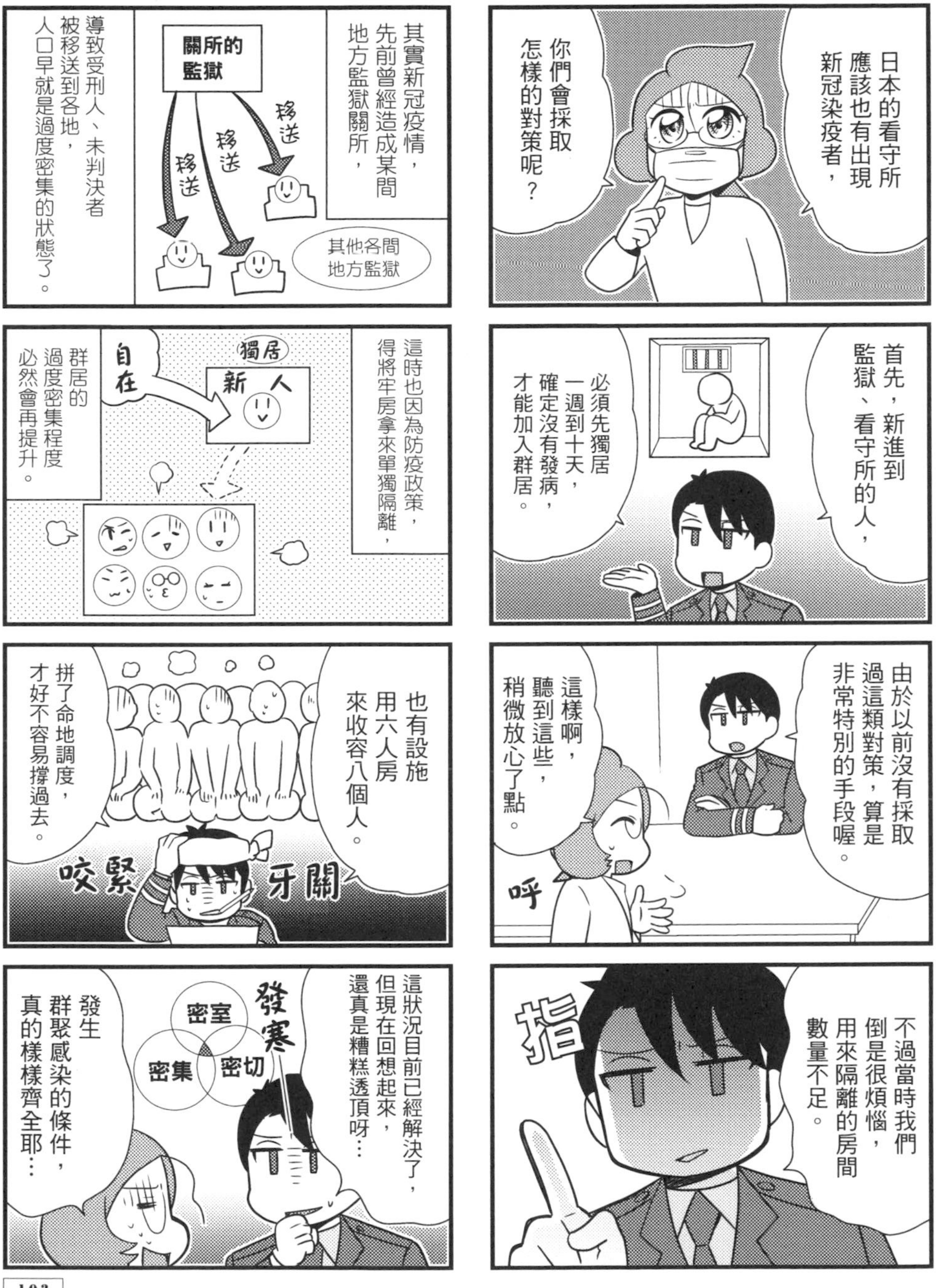
日本的看守所應該也有出現新冠染疫者，
你們會採取怎樣的對策呢？
首先，新進到監獄、看守所的人，
必須先獨居一週到十天，確定沒有發病，才能加入群居。
由於以前沒有採取過這類對策，算是非常特別的手段喔。
這樣啊，聽到這些，稍微放心了點。
呼
不過當時我們倒是很煩惱，用來隔離的房間數量不足。
指
其實新冠疫情，先前曾經造成某間地方監獄關所，
關所的監獄
移送
移送
移送
其他各間地方監獄
導致受刑人、未判決者被移送到各地，人口早就是過度密集的狀態了。
這時也因為防疫政策，得將牢房拿來單獨隔離，
獨居
新人
自在
群居的過度密集程度必然會再提升。
也有設施用六人房來收容八個人。
拚了命地調度，才好不容易撐過去。
咬緊牙關
這狀況目前已經解決了，但現在回想起來，還真是糟糕透頂呀…
密室
密集
密切
發寒
發生群聚感染的條件，真的樣樣齊全耶…

死刑延期!?

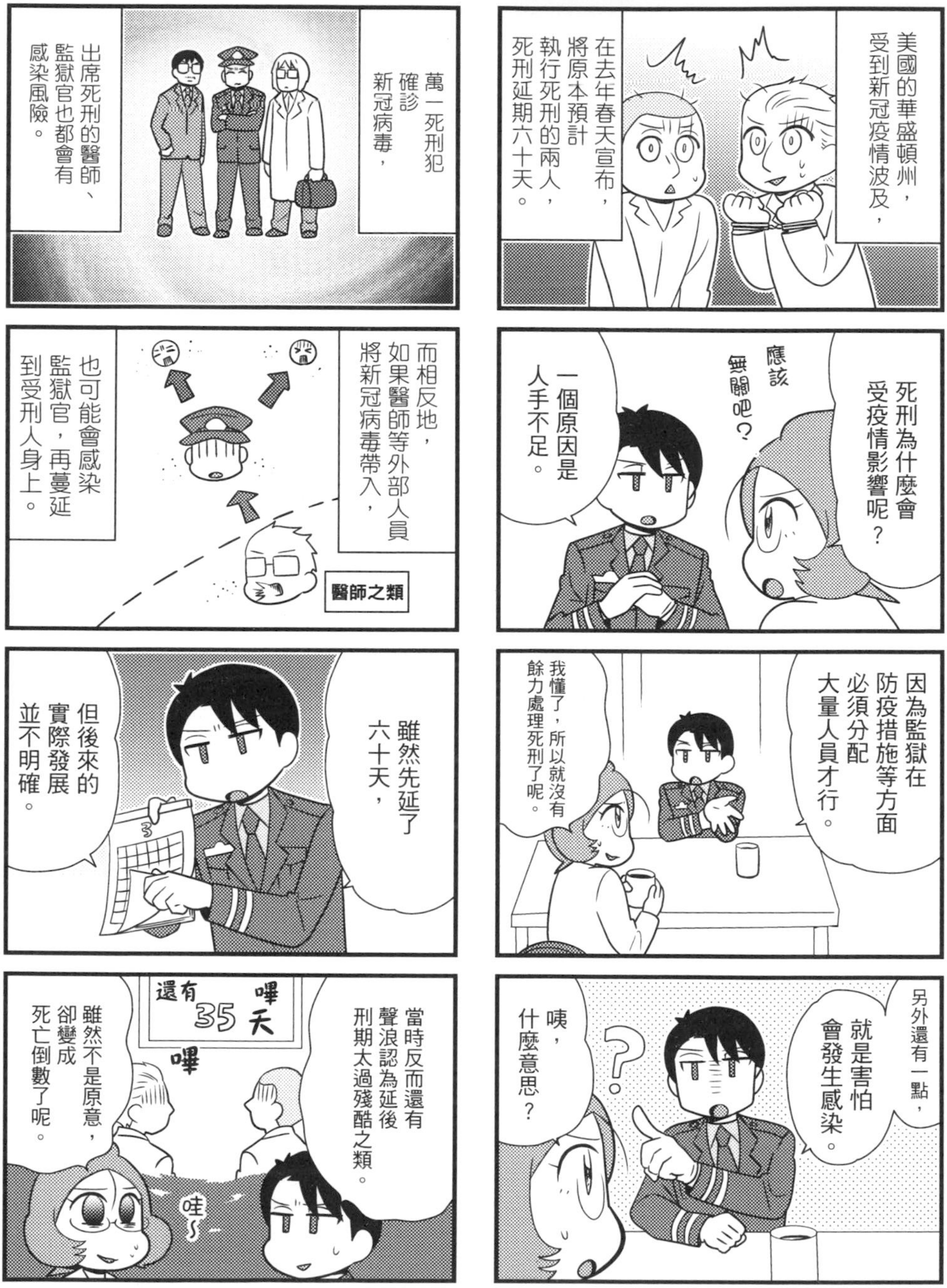
美國的華盛頓州，受到新冠疫情波及，
在去年春天宣布，將原本預計執行死刑的兩人，死刑延期六十天。
死刑為什麼會受疫情影響呢？
應該無關吧？
一個原因是人手不足。
因為監獄在防疫措施等方面必須分配大量人員才行。
我懂了，所以就沒有餘力處理死刑了呢。
另外還有一點，
就是害怕會發生感染。
咦，什麼意思？
萬一死刑犯確診新冠病毒，
出席死刑的醫師、監獄官也都會有感染風險。
而相反地，如果醫師等外部人員將新冠病毒帶入，
醫師之類
也可能會感染監獄官，再蔓延到受刑人身上。
雖然先延了六十天，
但後來的實際發展並不明確。
還有35天
嗶
嗶
當時反而還有聲浪認為延後刑期太過殘酷之類。
哇～
雖然不是原意，卻變成死亡倒數了呢。

起因是監獄官

這次的新冠疫情也是如此，據說當監獄內發生傳染疾病，
起因幾乎都是監獄官。
也對，受刑人不能外出，本來就沒有感染風險。
沒錯，只有監獄官會跟外界接觸。
所以說監獄官有義務戴口罩、勤洗手等。
請自由使用
那收容人應該也會分配到口罩跟消毒液對吧？
基本上並不會發這些東西給受刑人和死刑犯。
啥！為何!?
愣住
戴上口罩的話，就沒辦法看見他們的細微表情了。
再加上口罩跟不織布可能會成為自殺的工具，所以不ＯＫ。
吞下去導致窒息
或者
用繩子勒脖
之類
原來如此…
消毒液也具有可燃性，更別說要是喝下去之類會很危險，
唔咿～
嗝！
基本上是全面禁止。
即使是在某些會發口罩給受刑人的監獄，也會一片一片徹底管控。
感覺似乎防不勝防耶？
沒錯，所以我們才必須更加注意。
滋～

滿了、全滿！

在伊朗的新冠疫情擴散之際，
政府宣布釋放收監於國內共七萬名的受刑人。
七、七萬人!? 新冠雖然恐怖，但這樣也太危險了吧!?
咦咦咦咦
咦咦
釋放還是有條件的啦。
①要繳保釋金
登
登
②為刑期不到五年※的受刑人
必須滿足這兩項條件才行。
也就是說，比起在監獄裡群聚感染，這樣還比較好嗎？
飛沫～
就是這麼一回事。
不過伊朗也跟日本一樣，
哄抬口罩、消毒液價格的情形層出不窮。
1000
2000
最後政府
炒作口罩等物品者處以死刑。
如此宣布。
受刑人在釋放後減少了，但感覺死刑犯卻會變多。
擠滿
擠滿
可能有點本末倒置啦。
哈哈……

※主要為輕罪。

可怕的教化所

在北韓有著稱為教化所的監獄。
北韓的教化所原本就連食物也不太提供給受刑人。
受刑人處於最差的營養狀態，甚至光流感就會產生大量死者。
那既然世界各國正在新冠大流行，
北韓教化所的狀況不就變得更嚴峻了嗎？
然而北韓
新冠疫情沒有發生，確診者零。
卻如此對外宣布。
不過目前在教化所，
包括會面和送東西入內，似乎都受到嚴格限制。
受刑人先前是靠著親屬等的補給品，才勉強能夠生存下去。
咕～
咕～咕嚕咕嚕～
有傳聞說，他們已經落得只剩餓死或染疫喪命這兩條路了。
逃跑不是選項嗎？
要是從教化所逃走失敗，就會立刻被處死，因此是不可能的。
沒用沒用
更不用說如果一個國家完全沒有確診者，
就算染疫死亡，這個事實搞不好也會被掩蓋起來。
連死亡的事實都被埋葬在黑暗中了啊。

悄悄逼近死刑犯的死亡陰影

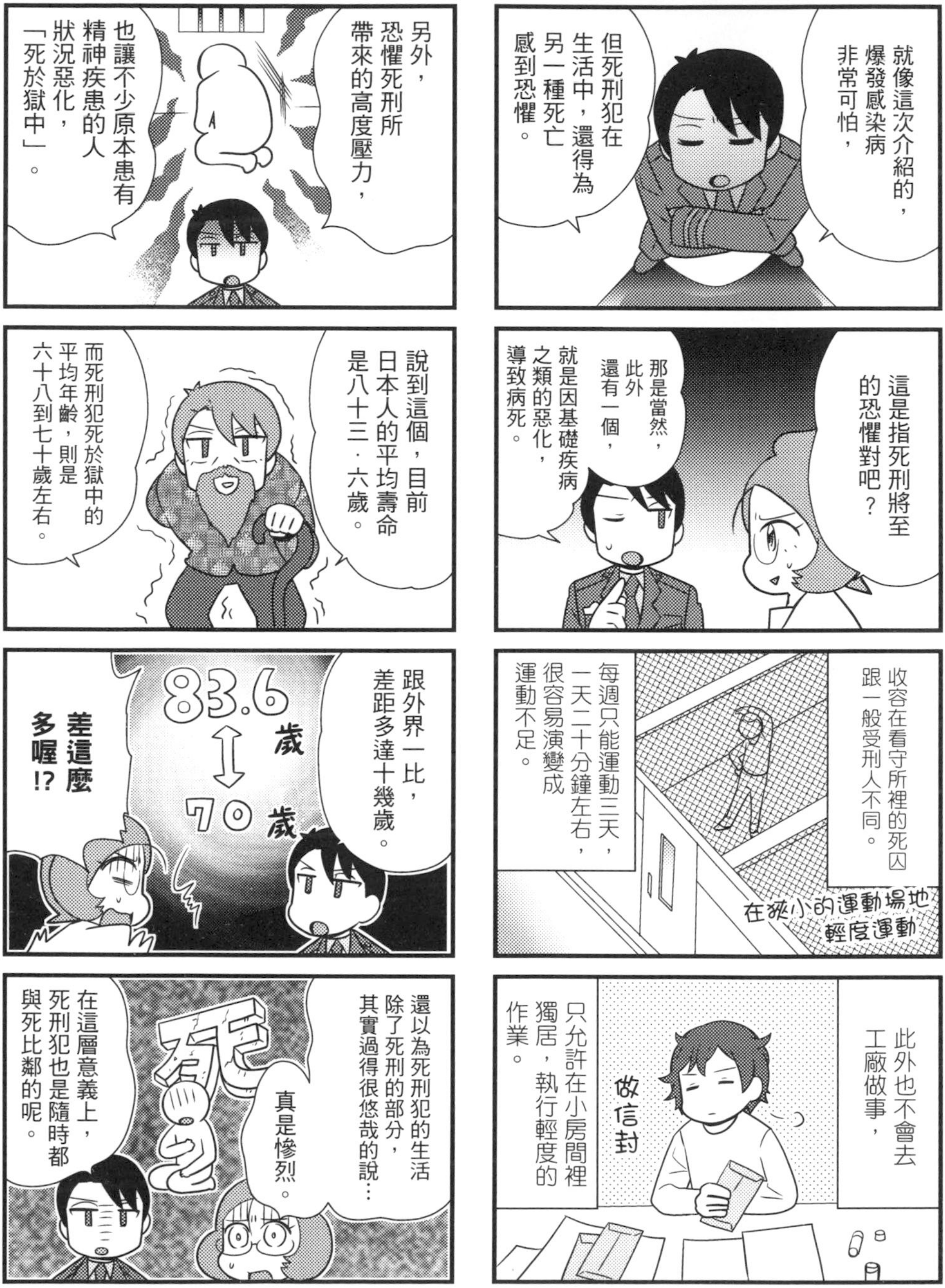
就像這次介紹的，爆發感染病非常可怕，
但死刑犯在生活中，還得為另一種死亡感到恐懼。
這是指死刑將至的恐懼對吧？
那是當然，此外還有一個，
就是因基礎疾病之類的惡化，導致病死。
收容在看守所裡的死囚跟一般受刑人不同。
每週只能運動三天，一天二十分鐘左右，很容易演變成運動不足。
在狹小的運動場地輕度運動
此外也不會去工廠做事，
只允許在小房間裡獨居，執行輕度的作業。
做信封
另外，恐懼死刑所帶來的高度壓力，
也讓不少原本患有精神疾患的人狀況惡化，「死於獄中」。
說到這個，目前日本人的平均壽命是八十三．六歲。
而死刑犯死於獄中的平均年齡，則是六十八到七十歲左右。
跟外界一比，差距多達十幾歲。
83.6歲
70歲
差這麼多喔!?
還以為死刑犯的生活除了死刑的部分，其實過得很悠哉的說……
真是慘烈。
死
在這層意義上，死刑犯也是隨時都與死比鄰的呢。

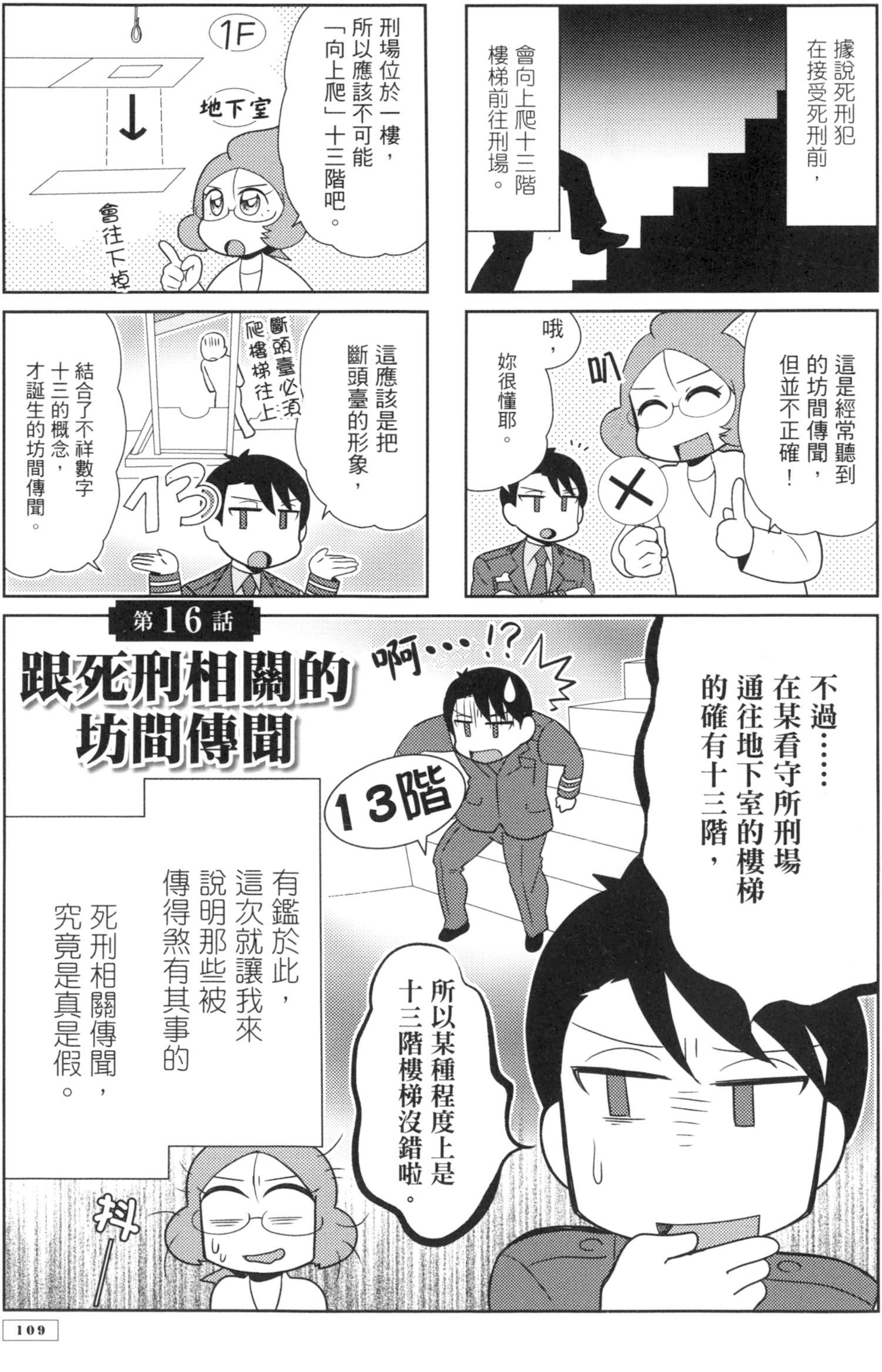

據說死刑犯在接受死刑前，
會向上爬十三階樓梯前往刑場。
1F
地下室
會往下掉
刑場位於一樓，所以應該不可能「向上爬」十三階吧。
這是經常聽到的坊間傳聞，但並不正確！
叩
哦，妳很懂耶。
這應該是把斷頭臺的形象，
斷頭臺必須爬樓梯往上
13
結合了不祥數字十三的概念，才誕生的坊間傳聞。
第16話
跟死刑相關的坊間傳聞
不過……在某看守所刑場通往地下室的樓梯的確有十三階，
啊…！？
13階
所以某種程度上是十三階樓梯沒錯啦。
有鑑於此，這次就讓我來說明那些被傳得煞有其事的
死刑相關傳聞，究竟是真是假。
抖

跟數字13相關的坊間傳聞

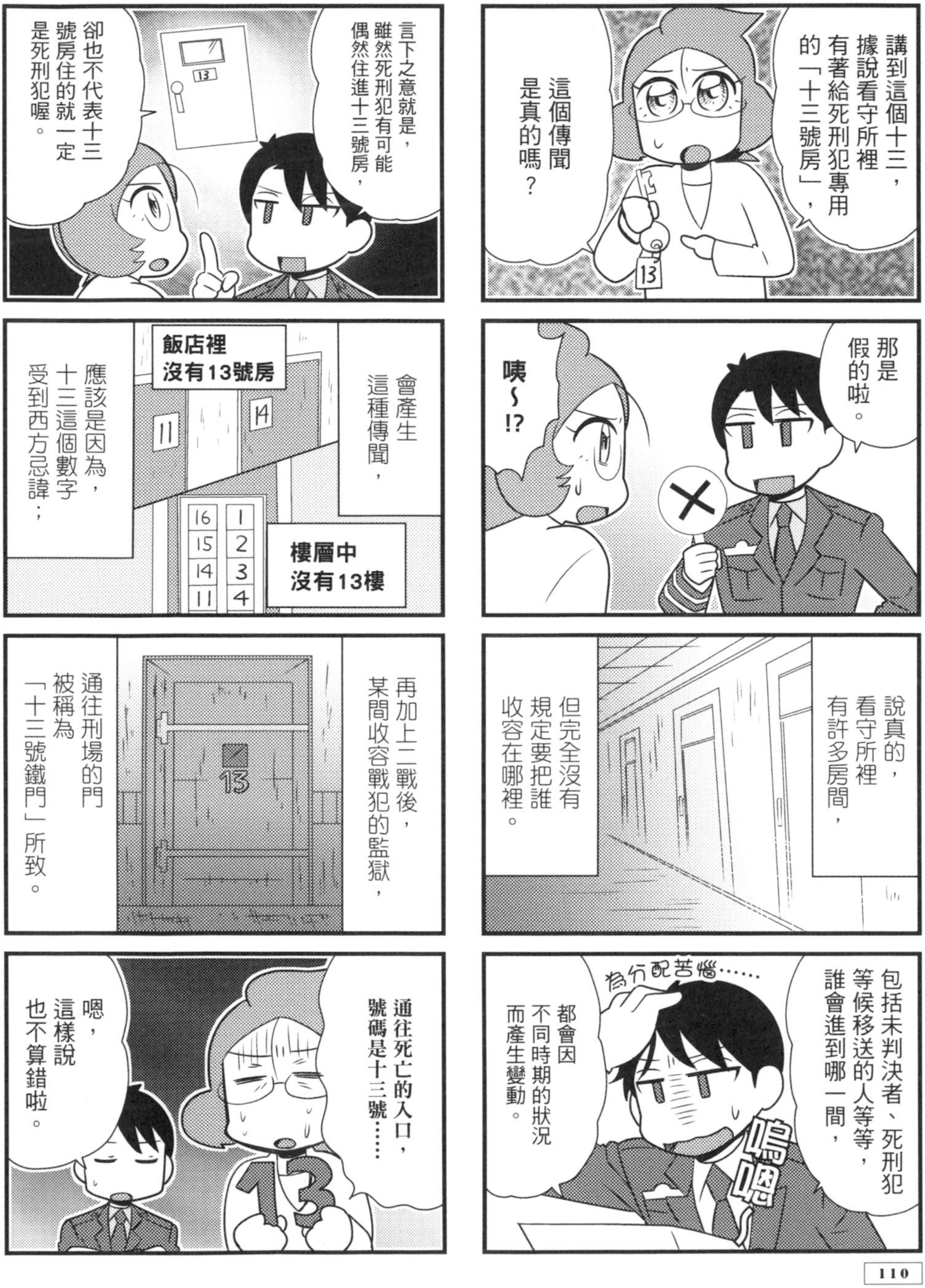
講到這個十三，據說看守所裡有著給死刑犯專用的「十三號房」，
這個傳聞是真的嗎？
那是假的啦。
咦～!?
說真的，看守所裡有許多房間，
但完全沒有規定要把誰收容在哪裡。
包括未判決者、死刑犯等候移送的人等等，誰會進到哪一間，
都會因不同時期的狀況而產生變動。
為分配苦惱……
嗚嗯
言下之意就是，雖然死刑犯有可能偶然住進十三號房，
卻也不代表十三號房住的就一定是死刑犯喔。
會產生這種傳聞，
應該是因為，十三這個數字受到西方忌諱；
飯店裡沒有13號房
樓層中沒有13樓
再加上二戰後，某間收容戰犯的監獄，
通往刑場的門被稱為「十三號鐵門」所致。
通往死亡的入口，號碼是十三號……
嗯，這樣說也不算錯啦。

死刑失敗就會獲釋!?

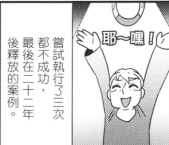

說到這個，我這陣子讀了介紹坊間傳聞的書，
上面寫到，死刑時如果經過十分鐘還沒有喪命，就會偷偷把人從後門釋放出去。
哪可能有這種事。以前怎樣我是不知道，
但在死刑中沒喪命，就是不可能的。
日本在執行死刑時，
本來就會懸吊十五到三十分鐘左右，再由醫師確認死亡。
過去在英國，曾經碰到刑場的地板活門打不開，
嘗試執行了三次都不成功，最後在二十二年後釋放的案例。
耶～嘿！

要是在日本發生相同的情形，又會怎麼做呢？
嗯～首先日本，在事前就會預演好幾次了。
而且萬一真的失敗了，也是…
逼近
也是…？
吞口水
會不斷重來，直到執行成功才告終哦。
過去在日本，也碰過死刑犯在執行時站不起來，
雖然強行帶去，繩索卻接連兩次都脫落，直到第三次才執行成功的紀錄。
日本的死刑絕對會執行！
無論如何都逃不掉呢……

縱火判死刑!?

對了，我收到了這樣的來信。
縱火的刑罰比殺人還重，
如果縱火導致有人死亡，就會馬上判死——這是真的嗎？
在歷史劇裡，確實也都會說「縱火者斬首示眾」呢。
這題的答案是△。
還歷史劇咧……
缺
△
咦!?不算對也不算錯嗎？
雖然縱火的刑罰是真的很重…
砰
但在現今
縱火
死刑、無期徒刑或5年以上徒刑
殺人
死刑、無期徒刑或5年以上徒刑
縱火跟殺人一樣重！
不過，在二〇〇四年修法之前，則是這樣子。
縱火
死刑、無期徒刑或5年以上徒刑
殺人
死刑、無期徒刑或3年以上徒刑
哇！
縱火的刑期還比較長！
很不可思議吧。
縱火 5年
殺人 3年
應該是因為在修法前，縱火看起來相較是重罪，
才會產生這種坊間傳聞吧。
六法全書
不過無論縱火或殺人，都會依犯罪內容酌情考量，
縱火也可能反而比殺人判得還要重，所以這則坊間傳聞也不算全錯啦。

A監獄的可怕

A監獄鬧鬼的事情很有名對不對？
啥？
據說會跑出以前收監的受刑人鬼魂。
鬧鬼
大家都說要是跑到那裡的公墓去，必定會有一個人失蹤～
可怕哦～
這則坊間傳聞答案是○喔。
鈴
咦咦!?
所以果真會「跑出來」嗎…？
那間A監獄地很大，所以特別冷。
所以從當時——
是全日本最難逃獄的監獄
大家就都這麼口耳相傳。
太大膽了
換言之，由於遼闊的監獄範圍內也有著公墓……
喀啦
喀啦
喀啦
呼～
呼～
夜裡視線不佳又很冷，要是當成鬧鬼景點跑去那裡試膽…
當然
也是有可能會迷路的呀。
呼～
摔倒
是這樣喔!?
山！
A監獄的墓地本來就位在後山上，真想抵達也沒那麼簡單啦。
那鬧鬼的事也是假的吧…
呵呵呵
是這樣嗎？
畢竟死了很多人呢
呃，意思是這則坊間傳聞，說不定是真的？

第17話 監獄官嚴峻的工作現場

在公務員裡頭，有人稱三大最黑的職業。
而毫無懸念的第一名，
就是監獄官……！
第三名 消防員
第二名 警察
呃!? 監獄官排第一……
監獄官有很多艱辛的工作，
此外還得參加其他公務員不會接觸到的「死刑」，這也是一個很大的原因。
這次就請你分享監獄官工作現場的內幕吧～

長時間勞動

的場好慢喔～
明明說好今天讓我採訪的～
是不是記錯時間啦～
抱歉！遲到了。
氣喘吁吁……
的場，你還好嗎!?
從昨天到今天，連續工作了四十八小時，終於把事情做完了……
呼——
四十八小時!?
昨天原本是夜班。
早上八點～隔天早上七點。

但，等到我要回家時，緊急鈴響了。跑到現場一看——
鈴鈴鈴鈴
開玩笑嗎!?
咯啦
死刑犯在牢房裡大抓狂。
呀啊——
咚砰
等處理完畢再寫個報告書，轉眼之間又晚上了……而且還沒有加班費，真的很想吐血……
唉
竟然沒有加班費嗎？
由於會提供稅金減免，實在很少付加班費呢。
呀
那今天的二十四小時，全部都是免費加班!?

傳染病

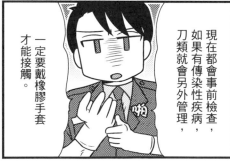

DANGER
剛剛介紹了監獄官工作上的辛苦，
這次來聊「危險」的部分。
幾十年前，未判決者B進了看守所。
某天洗澡時，
刮
唉呀
他被刮鬍刀弄傷了下巴。
血流不止
大哥，我刮傷下巴了。這支刮鬍刀好像生鏽了。
嗯，交給我吧。
邪笑
好的，麻煩囉。
其實未判決者B在入所時隱瞞了自身染有愛滋病毒。
呵呵呵
我要傳染給別人…！
要換刮鬍刀～
他特地劃傷下巴，是為了向平時討厭的監獄官報仇。
嚇死人…！
抖
幸好沒有被傳染
於是B就因為傷害罪被再次逮捕了。
現在都會事前檢查，如果有傳染性疾病，刀類就會另外管理，
一定要戴橡膠手套才能接觸。
啪

清潔遺體

此外，大家比較少聽到的監獄官業務，
就是要清潔遺體。
那個是監獄官的工作哦…？
我還以為應該是由葬儀社來做…
自殺、病死，尤其死刑的時候，
身上穿的衣服經常會弄髒。
監獄官的任務，就是在葬儀社抵達之前先幫忙換掉那些衣服。
嗚哇~
但死刑跟一般病死時不同，失禁、排便、嘔吐都會一起來，
那些東西也都必須處理。
由好幾個監獄官抬起還留有溫度的遺體，
一、二~
擦乾淨後幫忙換衣服。
三！
當然，為求保險，會戴著手套、口罩之類，
但這項工作也伴隨著傳染病之類的危險性。
也有監獄官不願意幫死囚做這些事情，
但這也是工作的一部分，總是必須有人來做呀。

更生人的襲擊

當監獄官一定會碰到的狀況是，
啊！
呃！
在街上偶然遇見更生人。
偶遇
基本上就算遇到，最好的做法就是無視，但也不是每次都能那麼順利。
開～心
驚嚇！
欸!?大哥！你是那時的大哥對吧？
某天假日，我在大型購物中心裡被更生人叫住，
好久不見了捏。
大哥～
大哥，我在叫你!!
他一直發出很大的聲音，跟在我後頭。
缺
缺
你給我安靜一點！
反效果
咦!?你說什麼？
對了！我的小弟在那裡面過得好嗎？
討論…
討論…
小弟…？
那裡面…？
應該沒有給大哥添麻煩吼？
那邊那兩個，該不會是大哥跟小弟…？
嘶
嘶
真討厭
是在混黑道的吧？
的場，你被反過來誤會成那樣啦？
唔～啊
後來，我因為不想引起騷動，就慌張地找機會逃跑了。
以前也發生過在類似狀況下遭到更生人施暴的事件，所以在應對上也得更謹慎。
竟然連休假時都不能掉以輕心…。

死刑的精神負擔

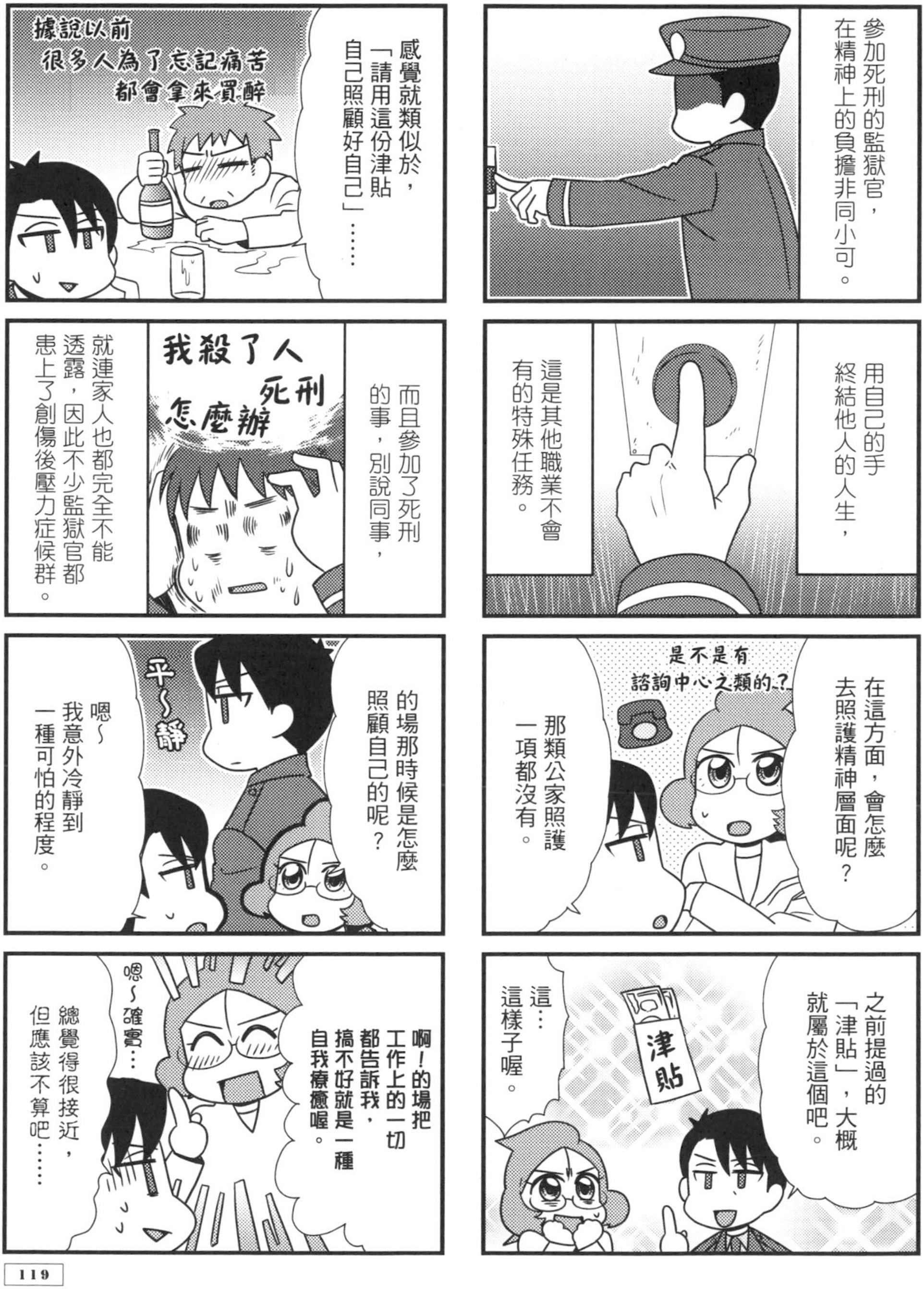
參加死刑的監獄官，在精神上的負擔非同小可。
用自己的手終結他人的人生，
這是其他職業不會有的特殊任務。
在這方面，會怎麼去照護精神層面呢？
是不是有諮詢中心之類的？
那類公家照護一項都沒有。
之前提過的「津貼」，大概就屬於這個吧。
津貼
這…這樣子喔。
感覺就類似於，「請用這份津貼自己照顧好自己」……
據說以前很多人為了忘記痛苦都會拿來買醉
而且參加了死刑的事，別說同事，
我殺了人
死刑
怎麼辦
就連家人也都完全不能透露，因此不少監獄官都患上了創傷後壓力症候群。
的場那時候是怎麼照顧自己的呢？
平～靜
嗯～我意外冷靜到一種可怕的程度。
啊！的場把工作上的一切都告訴我，搞不好就是一種自我療癒喔。
嗯～確實…
總覺得很接近，但應該不算吧……

這樣還比較好……？

當未判決者成為死囚，移動到看守所後，
生活內容馬上就會變得比在監獄時輕鬆許多。
基本上是這種感覺吧。
7:00 起床
用餐
自由時間
12:00
用餐
自由時間
用餐
睡覺
21:00 就寢
呃，自由時間好多!!
由於死刑犯所受的刑罰是「死亡」，
如果有意願，也可以申請做刑務工作。
在那之前的生活，基本上是自由的。
自由時間可以閱讀書籍，也可以拿來繪畫。
甚至還有死刑犯在獄中出了書呢。
居然連這樣也可以嗎？
當然可以！因為這在許可範圍內。
不如說由於目標是在死刑前一路維持身體健康，
因此尤其重視該如何減輕壓力喔。
壓力
餐點的營養控管也相當到位，
而且不會有壓力~
還可以適度運動……
的場也重新檢視一下自己的生活如何~？
唔~嗯
嘎啦
別說這種話。只會讓我更難過吧…!
吸~

結語

感謝您閱讀本書！
我跟的場所帶來的「死刑」相關話題，您覺得如何呢？
總覺得我好像被套出了超多驚人的事情……
消瘦
轉頭
我很慶幸能夠一窺這個平常絕對無法了解的世界。
嗯，或許吧……
例如十三階樓梯在日本根本就像死刑的代名詞，但實際上卻跟大家想的不一樣。

我以前也不知道，光是一個「死刑」，就得經過那麼多重的審查。
但對我們而言只是基本常識啦。
嗯，不過監獄裡的常識，的確跟外界的常識有所差異，所以我們才會特地稱「外界」嘛。
啊啊！沒有錯!!
聽到基於安全考量，收容人即使碰到新冠疫情也不能拿到消毒液之類，真的讓我很吃驚。
我也是第一次知道，原來就連監獄官都是死刑當天才會被告知呢～
唔～嗯
妳這麼一說，或許確實是超乎常識也不一定？

此外也聽到了許多以前不了解的事情哦～
回味無窮
哎，畢竟原本都是高度機密的事項嘛。
在剛開始畫這部作品的時候，我甚至連監獄跟看守所的差異都搞不清楚呢～
嘿嘿～
身為一名監獄散文漫畫家這未免也太…
妳的相關知識還很不足呢。
哎～哎
真讓人擔心妳未來的發展。
盯～
喝！

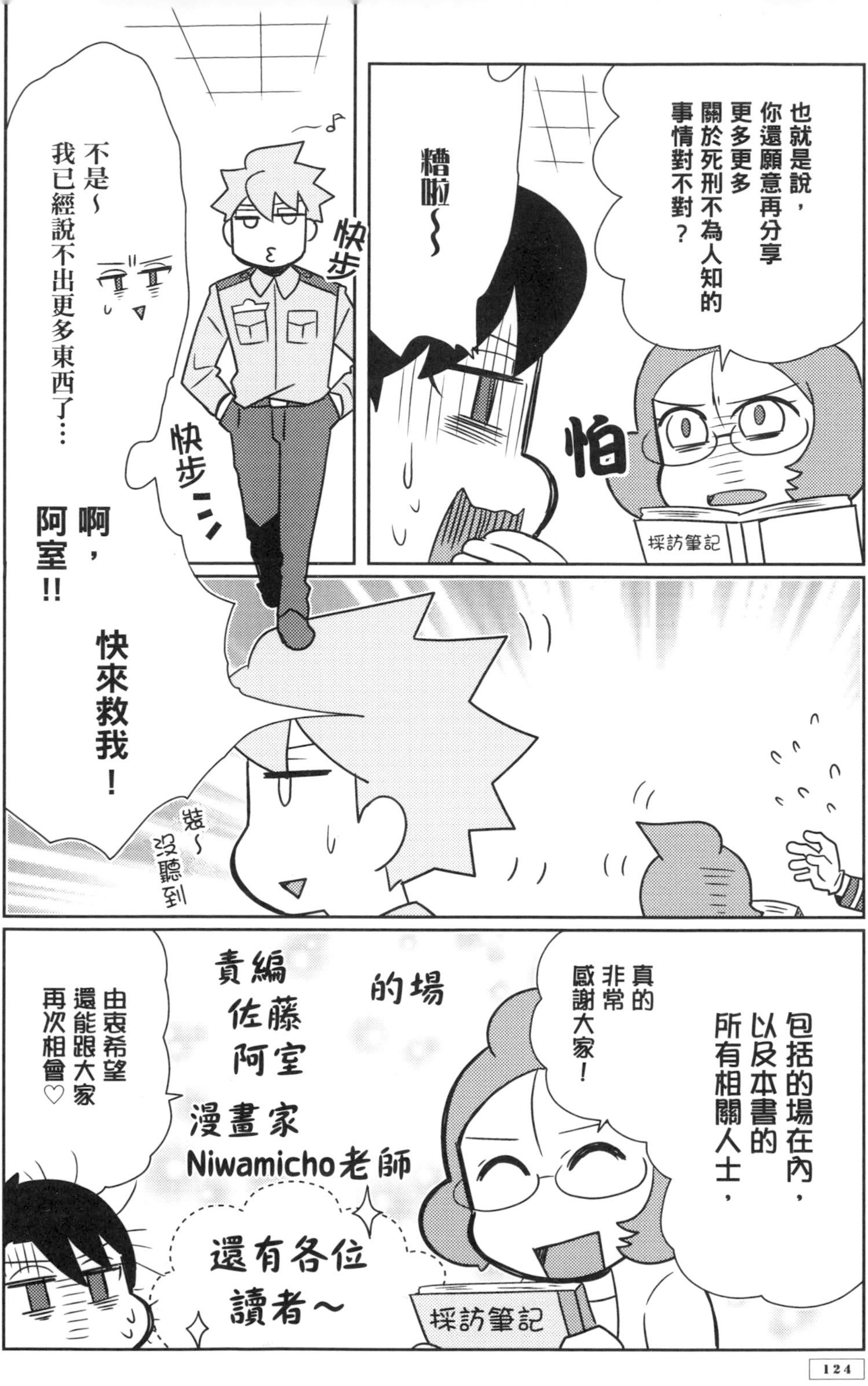
也就是說，你還願意再分享更多更多關於死刑不為人知的事情對不對？
怕
採訪筆記
糟啦～
～♪
不是～我已經說不出更多東西了…
快步
快步
啊，阿室!!
快來救我！
裝～沒聽到
包括的場在內，以及本書的所有相關人士，
真的非常感謝大家！
的場
責編佐藤阿室
漫畫家Niwamicho老師
還有各位讀者～
採訪筆記
由衷希望還能跟大家再次相會♡

刑場內部
大公開

刑場的內部究竟長怎樣？
的場、一之瀨二人組
將為您揭開這層神祕面紗!!

《這就是刑場內部!!》

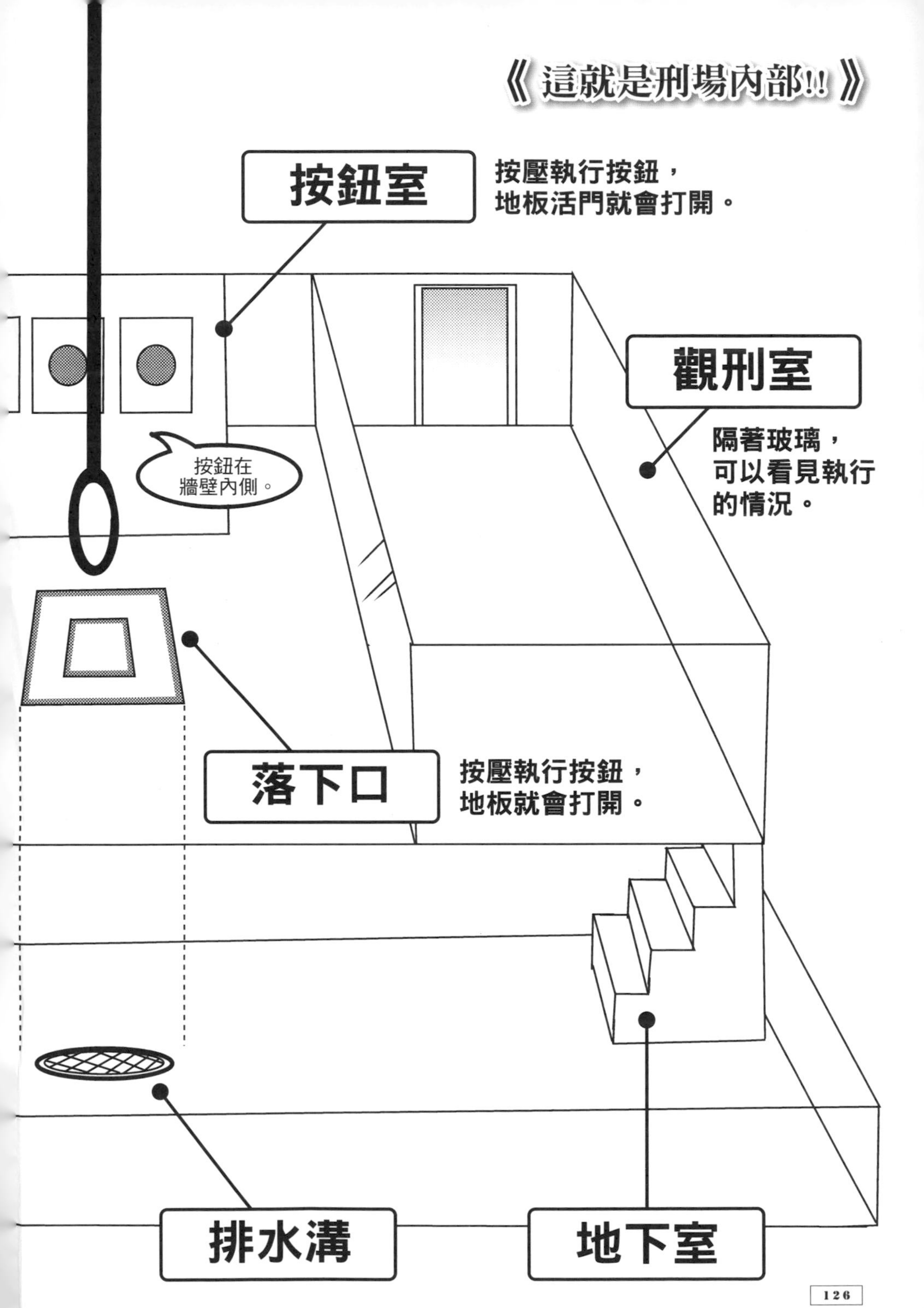
按鈕室
按壓執行按鈕，
地板活門就會打開。
觀刑室
隔著玻璃，
可以看見執行
的情況。
按鈕在
牆壁內側。
落下口
按壓執行按鈕，
地板就會打開。
排水溝
地下室

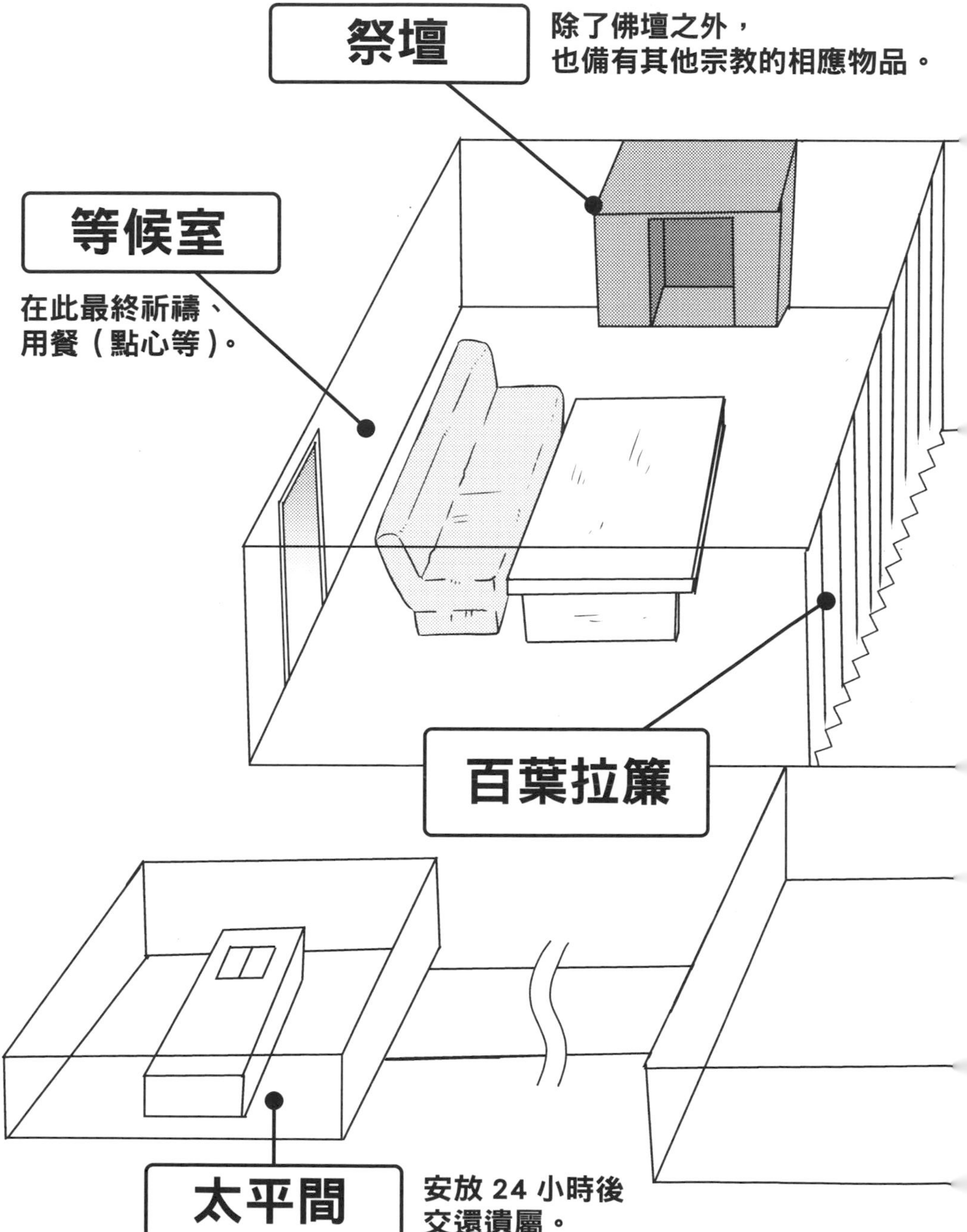
祭壇
除了佛壇之外，
也備有其他宗教的相應物品。
等候室
在此最終祈禱、
用餐（點心等）。
百葉拉簾
太平間
安放 24 小時後
交還遺屬。

國家圖書館出版品預行編目(CIP)資料

日本監獄官現身說法：死刑紀實／一之瀨はち著；
蕭辰倢譯. -- 初版. -- 臺北市：臺灣東販股份有限
公司, 2022.12
128面：14.8×21公分

ISBN 978-626-329-610-7（平裝）

1.CST：死刑 2.CST：日本 3.CST：通俗作品

548.72 111017896

日本監獄官現身說法
死刑紀實

2022年12月 1 日初版第一刷發行
2024年 3 月25日初版第二刷發行

著　　者　一之瀬はち
譯　　者　蕭辰倢
編　　輯　魏紫庭
發 行 人　若森稔雄
發 行 所　台灣東販股份有限公司
＜地址＞台北市南京東路4段130號2F-1
＜電話＞(02)2577-8878
＜傳真＞(02)2577-8896
＜網址＞http://www.tohan.com.tw
郵撥帳號　1405049-4
法律顧問　蕭雄淋律師
總 經 銷　聯合發行股份有限公司
＜電話＞(02)2917-8022